# Comunicando-se com São Miguel Arcanjo

Para Orientação e Proteção

*Richard Webster*

# Comunicando-se com São Miguel Arcanjo

## Para Orientação e Proteção

*Tradução:*
Priscila Ribeiro de Souza Pereira

Traduzido originalmente do inglês sob o título *Communicating With Archangel Michael for Guidance and Protection* por Llewllyn Publications.
© 2004, Richard Webster/Publicado por Llewellyn Publications/St. Paul, MN, 55164 USA/www. llewellyn.com
Tradução autorizada do inglês
Direitos de edição e tradução para todos os países de língua portuguesa
© 2016, Madras Editora Ltda.

*Editor:*
Wagner Veneziani Costa

*Produção e Capa:*
Equipe Técnica Madras

*Tradução:*
Priscila Ribeiro de Souza Pereira

*Revisão:*
Augusto do Nascimento
Miriam Rachel Amaral Russo Terayama
Daniela de Castro Assunção

---

**Dados Internacionais de Catalogação na Publicação (CIP)**
**(Câmara Brasileira do Livro, SP, Brasil)**

Webster, Richard
Comunicando-se com São Miguel Arcajo para orientação e proteção/Richard Webster; [tradução Priscila Ribeiro de Souza Pereira].
5. ed. — São Paulo: Madras, 2016.
Título original: Communicating whit Archangel Michael for guidance and protection.
Bibliografia.
ISBN 978-85-370-0220-9
1. Anjos - Invocação 2. Miguel (Arcanjo)
I. Título.
07-2467 CDD-235.3
               Índices para catálogo sistemático:
   1. Miguel Arcanjo: Orientação e proteção: Cristianismo 235.3

---

Proibida a reprodução total ou parcial desta obra, de qualquer forma ou por qualquer meio eletrônico, mecânico, inclusive por meio de processos xerográficos, incluindo ainda o uso da internet sem a permissão expressa da Madras Editora, na pessoa de seu editor (Lei nº 9.610, de 19/2/1998).

Todos os direitos desta edição, em língua portuguesa, reservados pela

**MADRAS EDITORA LTDA.**
Rua Paulo Gonçalves, 88 – Santana
CEP: 02403-020 – São Paulo/SP
Caixa Postal: 12183 – CEP: 02013-970
Tel.: (11) 2281-5555 – Fax: (11) 2959-3090
**www.madras.com.br**

Para meu irmão
Gordon

# Índice

Introdução ..................................................................... 11

Capítulo 1: Quem é Miguel? ............................................. 23
    Miguel na Tradição Cristã ................................................ 25
    Miguel na Tradição Judaica .............................................. 34
    Miguel na Tradição Islâmica ............................................ 35
    Miguel e São Jorge .......................................................... 36
    Coragem e Força .............................................................. 37
    Verdade e Integridade ..................................................... 38
    Proteção .......................................................................... 38
    Miguel na Arte Religiosa ................................................. 40
    A Festa de São Miguel. .................................................... 41

Capítulo 2: Como Entrar em Contato com Miguel ............. 43
    Altar Angelical ................................................................. 43
    Ritual de Invocação ......................................................... 45
    Ritual do Cristal ............................................................... 49
    Ritual do Pêndulo ............................................................ 51
    Ritual de Meditação ......................................................... 53
    Ritual de Clariaudiência .................................................. 54
    Ritual de Escrever Carta .................................................. 55
    Rezando para Miguel ....................................................... 57
    Caminhando com Miguel ................................................ 58

Comunicando-se com Miguel em seus Sonhos ............ 60
Ritual de Evocação.................................................. 61
Lendo com Miguel .................................................. 62

Capítulo 3: Como Pedir Ajuda ..................................... 63

Proteção ................................................................. 64
Proteção Imediata e Duradoura............................... 67
Força e Coragem ..................................................... 67
Honestidade e Integridade ...................................... 71

Capítulo 4: Como ter Contato com Miguel Todos os Dias .... 75

A Meditação de Miguel ........................................... 76
Conversa com Miguel ............................................. 77

Capítulo 5: O Poder Mágico das Velas........................... 81

Ungindo suas Velas ................................................. 83
Enrolando a Vela ..................................................... 84
Realizando o Ritual de Miguel ................................ 84
Carta para Miguel ................................................... 86
Queima de Vela para Proteção ................................ 87
Protegendo Outras Pessoas ..................................... 88
Ritual do Perdão ..................................................... 88

Capítulo 6: Carma ....................................................... 91

Meditação da Libertação do Carma......................... 92
A Espada de Miguel ................................................ 95
Para a Futura Meditação ......................................... 97

Capítulo 7: Cristais ..................................................... 101

Purificando seu Cristal............................................ 104
Carregando seu Cristal ........................................... 105
Dedicando seu Cristal ............................................. 106

Oração do Cristal ............... 107
Meditação de Cura da Alma ............... 107

## Capítulo 8: Chacras ............... 109

Sentindo o Chacra ............... 111
Meditação de Equilíbrio de Chacra ............... 111
Quando Você Está Triste ............... 114
O Manto Azul de Miguel ............... 116

## Capítulo 9: Sonhando com Miguel ............... 117

Como Lembrar de seus Sonhos ............... 120
Pedido de Sonho ............... 122
Sonhos Proféticos ............... 123
Sonho Lúcido ............... 125

## Capítulo 10: Como Apresentar Miguel a Outras Pessoas. ...... 129

## Capítulo 11: Como Encontrar Miguel dentro de Você ............... 133

## Capítulo 12: Conclusão ............... 139

## Bibliografia. ............... 141

# Introdução

*A palavra "anjo"* provém da palavra grega *angelos*, que significa "mensageiro". Os anjos são considerados mensageiros de Deus. São seres espirituais com um papel importante a desempenhar em muitas religiões. Eles servem a Deus e existem para realizar a vontade do Senhor (Tobias 12:18), além de atendê-lo. Podem ser encontrados no Judaísmo, no Cristianismo, no Hinduísmo, no Islamismo, no Zoroastrismo e no Budismo Tibetano. Há mais de trezentas citações diretas a respeito de anjos na Bíblia. João de Damasco escreveu: "Um anjo é, portanto, uma essência inteligente, incorpórea e eterna, com livre-arbítrio. Servindo a Deus, obteve por graça natureza imortal, e somente o Criador conhece a forma e limitação dessa essência".[1]

Os anjos sempre servem de intermediários entre Deus e as pessoas, embora as descrições e os papéis mudem levemente entre várias culturas. O Budismo, por exemplo, possui *bodhisattvas*, tidos como anjos. Porém, os bodhisattvas são pessoas perfeitas que adiam a entrada ao nirvana para ajudar quem é vivo hoje. Emmanuel Swedenborg, um visionário do século XVIII, compartilhou essa crença. As apsaras hindus proporcionam alegria e amor. Elas

---

1. John of Damascus, *Exposition of the Orthodox Faith, Book* 2, traduzido pelo rev. S.D.F. Salmond, reitor da Universidade Free Church, Aberdeen, 1998. Publicado em Post Nicene Fathers, Schaff edition, Volume IX, Séries 2. Também disponível em http://www.balamand.edu.lb/theology/WritingsSJD.htm.

também mantêm os mortos ao seu lado enquanto os levam para a felicidade sem fim que pode ser encontrada no paraíso.

De maneira tradicional, acredita-se que Deus deu origem aos anjos no segundo dia da criação do mundo. O início do Salmo 104 tende a oferecer uma visão geral de como o Senhor criou o mundo. Primeiro, havia luz, seguida por céus, anjos e, somente depois, por terra.

Os anjos são seres poderosos. Por estarem cientes desse fato, as primeiras palavras que dizem para uma pessoa na Bíblia são "não fique com medo".[2] No entanto, o medo nunca dura muito tempo, pois eles trazem alegria, conforto e felicidade para todos aqueles que os veem. Ademais, são intuitivos, carinhosos e amorosos. São Tomás de Aquino escreveu: "Sua vontade é amorosa por natureza".

Os anjos são especialmente criados para cumprir sua tarefa. Com apenas uma conhecida exceção, nunca foram seres humanos. O profeta Enoch, autor do livro *The Book of Enoch* (O Livro de Enoch), foi levado para o céu por Miguel e transformado no anjo denominado Metatron.

Os anjos são seres espirituais perfeitos cujo propósito é servir, ajudar, proteger e sustentar todas as coisas no universo de Deus. Tudo, até mesmo uma simples rocha ou brisa gelada, tem inteligência angelical de modo implícito para assegurar que a vontade de Deus seja realizada. Eles servem e louvam a Deus. Na Bíblia, são descritos como "espíritos ministradores, enviados para servir a favor daqueles que hão de herdar a salvação" (Hebreus 1:14).

Na tradição cristã, os anjos não apresentam sexo. Já na judia, são masculinos. As referências bíblicas aos anjos dão descrição mais masculina do que feminina. O anjo de Deus, que libertou Pedro das correntes e o ajudou a escapar da prisão, apareceu com o sexo masculino todas as vezes (Atos 12: 7-11). Durante o Renascimento, os artistas fizeram os anjos se parecerem cada vez mais

---

2. Exemplos que incluem: Daniel 8:17, Daniel 10:11, Mateus 28:5, Marcos 16:6, Lucas 1:12-13, Lucas 2:9, Atos 10:4.

femininos. Entretanto, John Milton (1608-1674) viu os anjos de forma diferente. No Paraíso Perdido, seus anjos gostavam de vidas sensuais, incluindo relações sexuais frequentes.

Os anjos existem apenas para ajudar-nos. Portanto, com o decorrer dos anos, muitas pessoas lhes invocam ajuda em momentos de necessidade. Essa ajuda sempre é dada livremente. Do mesmo modo, temos acesso ao amor, ao poder, à sabedoria e ao apoio angelical todos os dias.

As pessoas sempre argumentam acerca da existência dos anjos. Mesmo com todas as citações de anjos na Bíblia, voltando até Gênesis, muitos cristãos negam a existência deles. Existe até mesmo a narração de uma briga em que os saduceus declararam não haver anjos, enquanto os fariseus afirmavam com veemência o contrário (Atos 23: 7-9).

Embora haja discordâncias desse gênero, há grande quantidade de informações com relação aos anjos nos antigos textos religiosos de muitas tradições. A fonte de informação principal são os Pergaminhos Sagrados do Mar Morto, escritos pelos essênios, uma comunidade religiosa que viveu em Qumran, ao lado do Mar Morto. Algumas autoridades acreditam que Jesus era essênio. Os essênios tinham a crença de que deveriam ficar bem próximos dos anjos regularmente, de preferência em todas as manhãs e as noites, a fim de levar uma vida balanceada e saudável.

Um dos antigos *best-sellers* cristãos foi um pequeno manuscrito bem popular chamado *The Shepherd of Hermas* (O Pastor de Hermas). O pastor era, na verdade, o anjo guardião de Hermas. Hermas acreditava que temos dois anjos: um que nos encoraja a fazer o bem, e o outro, o mal. Qualquer pessoa que lesse esse livro hoje em dia acharia difícil entender por que ele era tão popular, mas o simples relato de alguém permanecer próximo de seu anjo obviamente soa em uníssono com o povo daquela época.

O mais antigo retrato angelical diz respeito a uma estela sumeriana de seis mil anos que inclui imagem com asas despejando a água da vida na xícara de um rei.³ Há muitas representações de anjos na arte religiosa da Assíria, do Egito e da Fenícia. De maneira notável, o retrato hitita de um anjo foi encontrado até na Porta do Sol em Tiahuanaca, que parece indicar o antigo contato hitita com a América do Sul.⁴

Apesar da existência desses retratos de anjos com asas, muitas pessoas sentem os anjos, ao invés de vê-los. Eles aparecem em sonhos, em pensamentos, em visões, em diferentes formações temporais e, às vezes, até como animais ou pessoas. Quando o padre e filósofo dominicano alemão, Johann Tauler (1300-1601), deu sermão acerca do tema, disse: "Eles não têm mãos, pés, forma e matéria; e, o que diremos de um ser que não tem nada disso e não pode ser conhecido por nossos sentidos? O que eles são é desconhecido para nós... portanto, falamos das obras que realizam para nós, mas não da sua natureza."⁵

São Tomás de Aquino (1225-1274), filósofo medieval que era conhecido como o "médico angelical", acreditava que os anjos consistiam de puro pensamento ou intelecto. Eles poderiam adquirir corpos físicos quando queriam, mas eram compostos de puro pensamento.

Pelo fato de os anjos não serem compostos de substâncias materiais, Emmanuel Swedenborg julgava podermos vê-los apenas assim que formam com rapidez um corpo material ou quando disponibilizamos nosso olho interno ou espiritual.

No trono de Deus, é óbvio que os anjos não possuem forma. São chamados de Tronos ou Rodas porque consistem de bolas de fogo em rotação ou de pura energia. Esse puro pensamento ou essa pura energia estão bem relacionados à intuição. Talvez você

---

3. Paul Roland, *Angels: An Introduction to Angelic Guidance, Inspiration and Love*. London, UK: Judy Piatkus (Publishers) Limited, 1999, 12.
4. Zecharia Sitchin, *Divine Encounters: A Guide to Visions, Angels, and Other Emissaries*. New York, NY: Avon Books, 1996), 261-262.
5. H. L. Pass. "Demons and Spirits". Artigo in *Encyclopaedia of Religion and Ethics*, editado por J. Hastings. New York, NY: Charles Scribners, 1911, 583.

esteja acolhendo a mensagem de um anjo quando recebe uma rápida inspiração.

Desde os tempos antigos, algumas pessoas foram capazes de ver anjos. O Segundo Concílio de Niceia (787 d.C.) expressou a ideia de que "os anjos não eram completamente incorpóreos ou invisíveis, mas dotados de um fino celeste ou ígneo corpo.[6] Muitos veem anjos coloridos. Dionísio, por exemplo, pensou que os anjos eram como flocos de ouro, de prata ou de bronze, ou joias vermelhas, brancas, amarelas e verdes.[7] Santa Hildegard acreditou que os anjos brilhavam como chama vermelha ou estrela branca no céu.[8] O protestante místico do século XVII, Jacob Boehme, achou que os anjos vinham em todas as cores das "flores nos prados".[9] Seu contemporâneo, Thomas Traherne, místico inglês, julgou que os anjos eram como joias resplandecentes e cintilantes.[10] Emmanuel Swedenborg teve a impressão de que os anjos mais importantes eram da cor do fogo, enquanto os outros eram vermelhos, verdes e azuis.[11] Charles Baudelaire, poeta do século XIX, vestiu seus anjos com mantos dourados, roxos e violetas.[12]

Primeiramente, acreditou-se que os anjos serviam a Deus na época do profeta persa, Zoroastro, por volta de três mil anos e meio atrás. Ele ensinou que os anjos e demônios eram forças opostas e apareceram também com o conceito de Céu e Inferno,

---

6. S. G. F. Brandon, *Religion in Ancient History* London, UK: George Allen and Unwin Limited, 1973, 368.
7. Pseudo-Dionysius, *Pseudo-Dionysius: The Complete Works* traduzido por Colm Luibheid Mahwah, NJ: Paulist Press, 1987, 188.
8. Hildegard of Bingen, *Book of Divine Works with Letters and Songs*. Editado por M. Fox. Santa Fé, NM: Bear and Company, 1987, 180-181.
9. Jacob Boehme, *The Aurora* (traduzido por J. Sparrow) Londres, UK: John M. Watkins and James Clarke, 1960, 272.
10. Thomas Traherne, *Centuries of Meditations* Edinburgh, Escócia: McInnes and Company, 1889, 362.
11. Emmanuel Swedenborg, *Heaven and its Wonders and Hell* (traduzido por J. C. Ager) New York, NY: Swedenborg Foundation, 1930, 130-134.
12. Charles Baudelaire, *Les Fleurs du mal*. Paris, França: Classiques Garnier, 1994. O poema *Orgueil* está na página 177.

que teve extrema influência em todos os pensamentos religiosos posteriores.

O profeta babilônio Mani, fundador do Maniqueísmo, pregou que as boas pessoas encontrariam seu anjo pessoal depois da morte e seriam levadas para o outro lado da vida. Acreditou-se que esse anjo era a natureza perfeita da pessoa e estava associado aos bons atos que a pessoa realizara durante sua vida. Essa natureza ideal e perfeita poderia ser vista apenas após a morte, uma vez que o corpo físico tinha sido separado. Sem surpresa, Mani referiu-se ao anjo pessoal como *al-Taum*, o Gêmeo.[13]

Em 325 d.C., o primeiro Concílio Ecumênico admitiu a existência de anjos, embora isso fosse retirado vinte anos depois, quando um segundo Concílio afirmou que a crença em anjos impedia as pessoas de adorar a Cristo. Até 787 d.C., o Sétimo Sínodo Ecumênico não havia solucionado o impasse, sustentando que a Igreja Cristã acreditava que os anjos haviam sido criados para interceder entre Deus e o homem.

Esse Sínodo também defendeu a hierarquia dos anjos, desenvolvida por Dionísio Areopagita trezentos anos atrás. Dionísio Areopagita era um pseudônimo e, portanto, é bem conhecido como Pseudo-Dionísio. Existe breve citação de um Dionísio Areopagita real na Bíblia (Atos 17:34). Apesar de ser considerado o autor original, os livros de Dionísio Areopagita foram redigidos, na verdade, por um escritor grego no século V ou VI d.C. Dionísio Areopagita inventou a palavra "hierarquia" para descrever os diferentes níveis angelicais.[14] Ele colocou todos os anjos em nove coros, distribuídos em três tríades. A primeira tríade incluiu os serafins, querubins e tronos. Estes anjos estavam mais perto de Deus. A segunda tríade foi

---

13. Andrew Welburn, *Mani, the Angel and the Column of Glory: An Anthology of Manichean Texts*. Edinburgh, UK: Floris Books, 1998, 11.
14. Paul Rorem no Prefácio a *Pseudo-Dionysius: The Complete Works*. Mahwah, NJ: Paulist Press, 1987, 1.

composta de domínios, virtudes e potências. A terceira tríade continha os principados, arcanjos e anjos.

No século XI, Santa Hildegard de Bingen (1098-1179), mística e abadessa alemã, escreveu muito a respeito de ampla variedade de assuntos religiosos, até mesmo anjos. Ela concordou com Dionísio com relação à hierarquia dos anjos, mas acreditava que eles se dispunham em círculos concêntricos, permitindo a cada tríade ou grupo relacionar-se de maneira mais fácil com as outras tríades. Hildegard acreditava em anjos da guarda, porém achava que eles apoiavam apenas as pessoas amorosas e tementes a Deus.[15]

Na época da rainha Elizabeth, o famoso astrólogo e ocultista, John Dee (1527-1608), alegou ter contatado o mundo angelical e transcrito sua linguagem secreta. Partes dessa linguagem enochiana foram adotadas pela Ordem Hermética da *Golden Dawn* (Aurora Dourada) perto do fim do século XIX e essa linguagem ainda é usada na magia cerimonial nos dias atuais. A elegância e beleza, assim como a sintaxe e gramática perfeitas da linguagem enochiana, não deixam dúvidas de que seja uma comunicação espiritual genuína e talvez o exemplo mais proeminente desse tipo de comunicação já recebido do outro lado da vida.[16]

A pessoa mais famosa na história da angelologia é Emmanuel Swedenborg (1688-1772), cientista sueco que escreveu bastante acerca do assunto. Em virtude de suas credenciais científicas, Swedenborg foi levado a sério quando declarou ter visitado o céu e ter se comunicado com os anjos. Ele acreditou que os anjos eram invisíveis para a maioria das pessoas porque não refletiam os raios do sol. No entanto, as pessoas poderiam aprender a vê-los se desenvolvessem sua intuição. Os trabalhos de Swedenborg tiveram extrema influência na obra de William Blake e Rudolf Steiner.

---

15. Hildegard of Bingen, *Scivius III*, 1.
16. Para mais informações a respeito da linguagem enochiana e o dr. John Dee, veja: The Queen's Conjuror: *The Life and Magic of dr. Dee*, de Benjamim Wooley Londres, UK: Harper Collins Publishers, 2001, e *Enochian Magic for Beginners*, de Donald Tyson. St. Paul, MN: Llewellyn Publications, 1997.

William Blake (1757-1827) foi um artista e poeta visionário que incorporou muitas das ideias de Swedenborg em sua obra. Gostava do conceito de Swedenborg de que já estamos no céu, cercados por anjos, mas simplesmente não estamos cientes do fato. Entretanto, ele achou que o foco de Swedenborg a respeito da bondade dos anjos era irreal por negar a concepção do mal. Para ele, o céu e o inferno eram necessários, pois se complementavam.

Rudolf Steiner (1861-1925), filósofo australiano e fundador da Sociedade Antroposófica, começou a comunicar-se por vidência com o reino angelical aos oito anos e escreveu muitos livros acerca do tema. Acreditava sermos protegidos por anjos da guarda mais evidentes na infância, os quais, porém, retrocedem a fim de permitir que nos desenvolvamos como indivíduos durante a fase adulta. Todavia, ainda podemos invocá-los quando quisermos. Steiner dividiu o campo angelical em três grupos: anjos, arcanjos e principados. Os anjos eram regidos pelo elemento água e focavam os indivíduos. Os arcanjos eram regidos pelo fogo e lidavam principalmente com grupos ou raças de pessoas. Os principados ou espíritos universais supervisionavam toda a raça humana. Rudolf Steiner acreditava que Miguel, o assunto desta obra, tinha sido promovido para o nível dos principados com o intuito de ajudar a humanidade como um todo.[17]

Entre a época de Swedenborg e Rudolf Steiner, um encontro angelical significativo ocorreu nos Estados Unidos. No dia 12 de setembro de 1823, um anjo chamado Morôni apareceu para um jovem com o nome de Joseph Smith. Morôni falou para ele ir a uma montanha no estado de New York, onde encontraria muitas placas de ouro contendo o Livro de Mórmon. Morôni foi persistente e apareceu para Joseph Smith três vezes naquela noite e no dia seguinte. Joseph Smith achou as placas, mas não pôde removê-las. Morôni apareceu de novo e disse que o momento ainda não era apropria-

---

17. James H. Hindes, "The Hierarchies". Artigo em *Angels and Mortals: Their Co-Creative Power*, compilado por Maria Parisen. Wheaton, IL: Quest Books, 1990, 118-119.

do para Joseph traduzi-las do hebreu para o inglês. Joseph não seria capaz de começar durante mais quatro anos. Ele esperou de modo paciente e, depois que traduziu as placas, Morôni voltou e levou-as de volta ao céu. Porém, Joseph Smith aprendera tudo o que precisava para dar início à Igreja de Jesus Cristo dos Santos dos Últimos Dias. De forma conveniente, há uma enorme estátua de Morôni em cima do Templo Mórmon em Salt Lake City, Utah.

No decorrer dos últimos quinze ou vinte anos, o interesse pelos anjos vem crescendo cada vez mais. Quando o livro do dr. Billy Graham, *Angels: God's Secret Agents* (Anjos: Os Agentes Secretos de Deus), foi publicado em 1975, era praticamente o único nas prateleiras.[18] Hoje existem centenas de livros a respeito do assunto, o que mostra o interesse constante e crescente das pessoas.

Os arcanjos são os mais conhecidos de todos os anjos. Isso não é surpreendente, já que seu nome vem da palavra grega *archein*, que significa estar acima ou reger. Mesmo assim, os sábios, como Dionísio Areopagita, colocam frequentemente os arcanjos em um nível bem abaixo nas categorias dos anjos. Existe uma justificativa para tal: considerou-se que os anjos mais importantes estavam mais próximos de Deus, ao passo que os menos importantes, mais próximos das pessoas.

Se Dionísio Areopagita estiver correto, como é possível para os arcanjos, na penúltima posição em sua hierarquia, estarem "acima" ou "regerem"? A explicação é que, sob circunstâncias ou condições especiais, podemos ver anjos e arcanjos, mas nossos olhos são incapazes de enxergar anjos de categorias mais elevadas.

Além disso, Miguel sempre foi considerado o chefe do exército de Deus ou, em outras palavras, o anjo mais importante de todos. Parece estranho que Pseudo-Dionísio o tenha classificado no segundo grupo inferior dos anjos. Esse problema apareceu porque havia originalmente apenas dois grupos: anjos e arcanjos. No entanto, durante vários séculos, diferentes sábios propuseram

---

18. Billy Graham, *Angels: God's Secret Agents* Dallas, TX: Word Publishing, 1975.

diferentes ordens, até que muitas hierarquias angelicais foram criadas. Portanto, embora estivessem incumbidos da Guerra no Céu e ainda liderassem o exército contra as forças do mal, os arcanjos pertencem ao segundo grupo inferior de Dionísio.

Os arcanjos se saem bem no Testamento Grego de Levi, parte de um longo manuscrito chamado *The Testaments of the Twelve Patriarchs* (Os Testamentos dos Doze Patriarcas). No relato de Levi, Deus e os arcanjos moram no céu mais elevado.[19]

Em Apocalipse (8:2) lemos: "E vi os sete anjos que assistem diante de Deus". Acredita-se que sejam arcanjos e há tradicionalmente sete deles. No Judaísmo, a primeira ou a principal categoria de anjos consiste de anjos da presença (arcanjos). De novo, existem, com frequência, quatro ou sete deles.[20] No Primeiro Livro de Enoch, estão listados como: Rafael, Uriel, Miguel, Gabriel, Saraqael, Remiel e Raguel.[21] O Terceiro Livro de Enoch propõe uma lista diferente: Miguel, Gabriel, Saquiel, Sahaquiel, Baradiel, Baraquiel e Sidriel. No Primeiro Livro de Enoch, Miguel, Rafael, Gabriel e Fanuel são chamados "anjos da presença".[22] Em grande parte, a lista mais conhecida é a de Dionísio: Miguel, Gabriel, Rafael, Uriel, Chamuel, Zadkiel e Jofiel. No Livro de Tobias (12:15), Rafael diz que é "um dos sete que assistimos na presença do Senhor". No

---

19. R. H. Charles (editor), *The Greek Versions of the Testaments of the Twelve Patriarchs*. Editado pela Nine Mss. Together com as variantes das versões armênias e eslovenas e de alguns fragmentos hebreus. Oxford, *UK*: Clarendon Press, 1908, 3:3—6.
20. Helmer Ringgren (traduzido por David Green), *Israelite Religion*. Londres, UK: S. P. C. K., 1966, 311.
21. "E estes são os nomes dos anjos sagrados que veem. Uriel, um dos anjos sagrados, que está acima do mundo e de Tartarus. Rafael, um dos anjos sagrados, que está acima dos espíritos do homem. Raguel, um dos anjos sagrados, que se vinga do mundo dos luminares. Miguel, um dos anjos sagrados, está, a saber, acima da melhor parte da humanidade e do caos. Saraqael, um dos anjos sagrados, que está acima dos espíritos pecadores. Gabriel, um dos anjos sagrados, que está acima do Paraíso, das serpentes e dos Querubins. Remiel, um dos anjos sagrados, que Deus colocou acima daqueles que vão para o céu." – *The Book of Enoch*, I: XX. Traduzido por R. H. Charles, *The Book of Enoch*. Londres, *UK*: Society for Promoting Christian Knowledge, 1921, 46.
22. Matthew Black (comentarista e editor), *The Book of Enoch or 1 Enoch: A New English Edition*. Leiden, Netherlands: E. J. Brill, 1985, 199.

Islamismo, só quatro arcanjos são reconhecidos: Miguel, Gabriel, Israfel e Azrael. Miguel e Gabriel são mencionados pelo nome no Alcorão. No Islã, Miguel controla as forças da natureza, Gabriel leva mensagens de Alá até Maomé, Azrael é o anjo da morte e Israfel tocará a trombeta para o Julgamento Final.

Nos dias atuais, a igreja cristã aceita apenas Miguel, Gabriel e Rafael. Uriel é excluído por não ser mencionado na Bíblia. No entanto, é citado no Livro de Enoch e em outras obras não-canônicas. É interessante notar que Miguel e Gabriel aparecem em todas as listas. As referências mais antigas a arcanjos estão talvez nos *Amesha Spentas* persas, embora seja possível que as deidades astrais da Babilônia antiga fossem mais antigas.[23] Porém, o fato de diferentes tradições listarem muitos arcanjos diferentes tende a indicar que não havia "empréstimo direto".[24]

A tarefa dos arcanjos é cuidar dos outros anjos e auxiliar a humanidade. Eles existem para ajudar e atenderão ao seu chamado quando pedir. Você também pode pedir que ajudem outras pessoas. Cada arcanjo tem uma finalidade específica. Miguel protegerá e dará coragem. Rafael é o arcanjo da cura e da integralidade. Gabriel fornecerá orientação e o dom da profecia. Uriel garantirá paz mental e ajudará você a ser útil para os outros.

O propósito desta obra é mostrar como você pode melhorar sua vida invocando o Arcanjo Miguel, o mais antigo e importante dos arcanjos, para fins de apoio e ajuda assim que precisar. O livro também ajudará a encontrar o "Miguel" dentro de si mesmo. Começaremos aprendendo mais a respeito de Miguel no primeiro capítulo.

---

23. Os *Amesha Spentas* são os seis imortais beneficentes no Zoroastrismo. São seres divinos, ou arcanjos, que foram criados por Ahura Mazddã, o Deus Sábio, a fim de ajudar a cuidar de toda a criação. Três são masculinos e três, femininos. Cada um tem um mês, um festival e um elemento específicos. Algumas histórias alegam que há sete *amesha spentas*, pois Ahura Mazddã é, às vezes, considerado um arcanjo (Geoffrey Parrinder, *Worship in the World's Religions*. Londres, UK: Faber and Faber Limited, 1966, 88.)
24. Helmer Ringgren, *Israelite Religion*, 312.

# Capítulo 1

# Quem é Miguel?

*São Miguel Arcanjo,*
*Defendei-nos no combate,*
*Sede nosso refúgio contra a maldade e ciladas do demônio,*
*Ordene-lhe Deus, nós vos pedimos humildemente,*
*E vós, ó Príncipe da Milícia Celeste,*
*Pelo poder divino, precipitai no inferno a Satanás*
*E a todos os espíritos malignos que vagueiam pelo mundo*
*para perdição das almas,*
*Amém.*

Papa Leão XIII (1810-1903)

**Em primeiro lugar**, devemos descobrir quem é Miguel. Afinal de contas, ele é considerado o mais importante de todos os anjos nas tradições cristã, judia e islâmica. Nessas três tradições, Miguel trabalha sem parar a fim de criar um mundo de paz e harmonia. Ele é o chefe e protetor daqueles que buscam ter Deus em suas vidas. Miguel é o único arcanjo mencionado pelo nome nos textos religiosos do Judaísmo e do Islamismo, assim como na Bíblia.

O nome "Miguel" foi interpretado de muitas maneiras. Pode significar "quem é como Deus", "quem é semelhante a Deus?", "quem é igual a Deus" ou "quem é semelhante ao Senhor". Estes nomes revelam a importância de Miguel. Na Bíblia, ele é chamado de "um dos principais chefes" (Daniel 10:13) e "o grande chefe" (Daniel 12:1).

Em geral, Miguel aparece com uma espada, mas, às vezes, também aparece portando as balanças da justiça ou carregando uma chama azul protetora. Com frequência, a chama azul cerca a espada. As pinturas renascentistas mostram Miguel usando armadura. Esses símbolos dão as palavras-chave para ele: coragem e força, verdade e integridade, e proteção. Outrossim, o arcanjo provê solidariedade, paciência, motivação e ambição. Você pode invocá-lo quando precisar de ajuda nessas áreas.

Utilizando nomes diferentes, Miguel assistiu a humanidade desde o princípio. Ele é conhecido como Indra no Rig Veda indiano, Vahman na enciclopédia Denkard persa, Marduk na Epopeia Babilônica da Criação e Apolo no Hino de Homero a Apolo. Foi também associado ao antigo deus egípcio Anúbis, que "pesava almas".

Miguel foi tido como importante desde a época dos caldeus. Pensa-se que era originalmente espírito protetor ou até deus, na antiga Caldeia. A crença dos caldeus na importância dos anjos, aliada à sua necessidade de ter uma pessoa representativa na batalha contínua entre as forças do bem e do mal, ajudou a engrandecer o perfil de Miguel.

O arcanjo foi a escolha óbvia. Lúcifer recusava submeter-se e adorar a Deus, e, como resultado, Miguel o expulsou do céu com seus seguidores. A batalha entre o dragão e Lúcifer pode ser encontrada em Apocalipse (12:7-17). Uma antiga lenda diz que Miguel acorrentou os anjos derrotados no meio do ar até o Dia do Julgamento.

Essa é uma punição adequada, já que são capazes de ver o céu acima e a terra abaixo deles. De forma ininterrupta, veem as almas dos seres humanos subindo até o céu que eles perderam para sempre.

Deus recompensou Miguel com a permissão de receber as almas imortais enquanto entravam no céu. Miguel pesa essas almas para avaliar suas boas e más ações (Salmo 62:9, Daniel 5:27).

As almas boas eram apresentadas a Deus, enquanto as más eram mandadas para o purgatório. Miguel também soou a trombeta e levantou o pendão no Dia do Julgamento.

## Miguel na Tradição Cristã

Segundo os gnósticos, Miguel presenciou a criação do universo. Acreditavam que os sete arcanjos perto de Deus o fizeram. Quando o mundo foi dividido posteriormente, Miguel incumbiu-se das pessoas escolhidas por Deus, os israelitas (Daniel 10:21; 12:1). É claro que, na época, Miguel também tornou-se o príncipe do Cristianismo.

Pelo menos, de acordo com um relato, Miguel foi envolvido na formação da humanidade. O Evangelho apócrifo de Bartolomeu diz como Deus criou o homem a partir do barro que Miguel obtivera dos quatro cantos do mundo.

Nos Pergaminhos Sagrados do Mar Morto, Miguel é aludido como o Príncipe da Luz, o guerreiro contra as trevas. Desde quando venceu as forças de Satanás, Miguel lidera o combate ao mal. Em geral, é visto como o guerreiro celeste que luta sem cansar contra o oposto do bem. Isso se deve ao fato de que, na Idade Média, foi considerado o santo protetor dos cavaleiros.

No Apocalipse grego de Baruc, Miguel vive no quarto céu. O quarto céu é descrito como o prado amplo e bonito que cerca um lago esplêndido. De acordo com o outro texto (*The Apocalypse of Paul*), ele lava os pecadores após a morte nas águas cristalinas do Lago *Acherusian*.[25] Muitas espécies diferentes de pássaros que não

---

25. George W. MacRae e William R. Murdock (tradutores), *The Apocalypse of Paul*. Em *In The Nag Hammadi Library in English* (editado por James M. Robinson). San Francisco, CA: Harper and Row, Inc., 1988, 256-259. *The Apocalypse of Paul* foi provavelmente escrito em grego logo antes de 400 d.C. É a maior e talvez a obra mais influenciadora dentre as muitas apocalípticas que apareceram por volta dessa época.

são encontradas na Terra vivem lá. Na verdade, não são pássaros, mas almas que sempre louvam e adoram a Deus.

Baruc relatou que Miguel era o porteiro do Reino do Céu e ninguém poderia passar do quarto para o quinto céu até que ele abrisse a entrada. Miguel também carregou um enorme vaso cheio de flores, representando as orações dos anjos. Ele levou essas orações para Deus (Baruc 11:4). Depois de visitar Deus, Miguel voltou com óleo, do qual deu aos anjos. A porção que receberam foi determinada pela quantidade e qualidade das orações oferecidas (Baruc 15: 2-4).

Baruc ficou do lado de fora dos portões do quinto céu, mas não foi convidado para entrar. Por isso, acreditou que ninguém poderia comunicar-se com Deus sem usar Miguel como mediador. No entanto, embora não tenha entrado no quinto céu, Baruc considerou sua visita um sucesso, pois aprendera que Deus presta atenção nas orações das pessoas e permite o ingresso dos justos ao céu.[26]

O Evangelho de Nicodemos descreve a descida de Jesus ao inferno e a primeira ressurreição do justo. As pessoas que nunca foram batizadas, incluindo os dois narradores, são imergidas por Miguel no rio Jordão. Depois, continuam a celebrar a Páscoa da ressurreição, seguida pela felicidade eterna no céu.[27]

De maneira surpreendente, apesar de nunca sido humano, Miguel foi santificado pela Igreja Católica e virou São Miguel. Essa extraordinária ocorrência pretendeu colocá-lo mais perto da humanidade do que os outros anjos. As pessoas tornam-se santas porque resistem a grandes sofrimentos e privação, até martírio, por causa da sua fé, ou porque demonstram enorme piedade e

---

26. *The Greek Apocalypse of Baruch* está disponível em várias traduções, incluindo as duas excelentes feitas por H. Maldwyn Hughes e A.W. Argyle. A tradução mais acessível é *The Greek Apocalypse of Baruch* (*3 Baruch*) no Judaísmo helenístico e Cristianismo antigo, feita por Daniel C. Harlow. Leiden, Holanda: E. J. Brill, 1996.
27. Brian E. Daley, *The Hope of the Early Church: A Handbook of Patristic Eschatology*. Cambridge, UK: Cambridge University Press, 1991, 123.

santidade. É óbvio que também curaram outras pessoas ou realizaram milagres. Por essa razão, muitas pessoas sentem mais proximidade com os santos do que com os anjos. Como consequência, no decorrer do tempo, os santos vieram a ser considerados mais importantes do que os anjos. Assim, a Igreja Católica honrou efetivamente Miguel transformando-o em São Miguel e, até hoje, é visto como o mais poderoso de todos os santos.

No Livro apócrifo de Adão e Eva, Miguel ficou aparentemente de olhos bem atentos no casal, mesmo após sua expulsão do Jardim do Éden. Ele ensinou Adão a cultivar e até o levou para viajar pelo céu em uma carruagem de fogo. Quando Adão morreu, Miguel convenceu Deus a deixar sua alma voltar ao céu e ser purificada do pecado.[28]

Segundo a tradição, Miguel disse a Sara, a esposa de Abraão, que ela daria à luz um filho. Miguel, Gabriel e Rafael estavam em missão divina e foram seres humanos por certo tempo. A tarefa de Miguel foi contar a Sara as boas notícias de sua iminente gravidez; a de Rafael foi curar Abraão depois de sua circuncisão; e a de Gabriel foi destruir Sodoma e Gomorra. Os três arcanjos não são mencionados pelo nome no relato bíblico desse encontro (Gênesis 18:2-33).

Acredita-se também que Miguel impediu Abraão de sacrificar seu filho, Isaac (Gênesis 22:10). Isso foi um teste da fé de Abraão e deve ter sido um enorme alívio ouvir o arcanjo dizer: "Não estendas a tua mão contra o menino, e não lhe faças nada. Agora eu sei que temes a Deus, pois não me recusaste teu próprio filho, teu filho único" (Gênesis 22:12).

No Testamento de Abraão, Miguel viajou com Abraão pelo mundo povoado. Sabendo por intermédio de Miguel que estava por morrer, Abraão pediu essa viagem a Deus com o intuito de presenciar todas as criações maravilhosas do Senhor. Falou para Deus que faleceria sem arrependimento ou tristeza depois de ver

---

28. Matthew Bunson, *Angels A to Z*. New York, NY: Crown Publishers, Inc., 1996, 182.

essas maravilhas. Após essa viagem, ele voltou para casa e preparou-se para a morte.[29] Sem surpresa, depois dessa experiência, Miguel tornou-se o anjo incumbido de levar os mortos para o outro lado da vida.

Como vimos, Miguel é mencionado com frequência nos textos apócrifos. É também chamado pelo nome quatro vezes na Bíblia canônica: Daniel 10, Daniel 12, Judite 9 e Apocalipse 12.

Miguel salvou Daniel da cova dos leões (Daniel 6:22). A segunda metade do Livro de Daniel descreve muitas visões, incluindo a de um anjo poderoso (Daniel 10:5-21). No versículo 13 desse capítulo, é denominado de "Miguel, um dos principais chefes". Em Daniel 12:1, Daniel escreve: "Naquele tempo, surgirá Miguel, o grande chefe, o protetor dos filhos de seu povo".

Creu-se que Miguel foi responsável pelas pragas no Egito e libertou os israelitas. Os judeus e alguns antigos padres cristãos acreditavam que o anjo, ao contrário de Deus, falou para Moisés a respeito da sarça ardente e forneceu-lhe os dez mandamentos no Monte Sinai.[30] Miguel disputou o corpo de Moisés com Lúcifer (Judite, v. 9).

Há outras referências bíblicas a Miguel. Por exemplo, Miguel apareceu para Josué e o chamou de "chefe do exército do Senhor" (Josué 5: 13-15). Miguel também apareceu para Gideão e deu-lhe a coragem para lutar contra os inimigos (Juízes 6:11-18).

De acordo com a lenda, Miguel foi o protetor de Jesus e da Virgem Maria, e teve a função de cuidar deles enquanto estavam

---

29. *The Testament of Abraham*, 9:5 — 6A. Há várias traduções disponíveis. Minha cópia é *The Testament of Abraham: the Greek Recensions*, editado por Michael E. Stone (Missoula, Montana: Society of Biblical Literature, 1972). Existem duas versões diferentes de *The Testament of Abraham*, conhecidas como A e B. A Versão A é a mais longa e, nessa narração, Abraão é transportado em uma carruagem de querubins. Na Versão B, viaja em uma nuvem.
30. Nathaniel Lardner, *History of the Early Heretics*. London, UK, 1780. Nathaniel Lardner (1684—1768) morreu antes de terminar esse livro. A obra foi finalizada por John Hogg.

na Terra.³¹ A lenda diz que Jesus Cristo pediu para Miguel avisar a sua mãe a respeito de sua morte iminente e zelar pela alma de Maria quando Ele partisse.

Isso explica o fato de Miguel ser conhecido frequentemente como o anjo cristão da morte. Quando alguém está morrendo, Miguel surge e oferece a cada alma a chance de se salvar, o que frustra Satanás e seus ajudantes.

São Paulo não aprovou os anjos e disse aos colossenses para não adorá-los (Colossenses 2:18). Talvez por causa da aparição de Miguel em Colossos, na Frígia, o que fez com que as pessoas o venerassem de maneira especial. A igreja antiga considerava a adoração de anjos uma heresia. No entanto, essas pessoas não aceitavam o fato. O imperador Constantino, por exemplo, dedicou uma igreja ao arcanjo Miguel em Constantinopla e crê-se que muitos milagres ocorreram ali. Naquela época, Miguel era mais famoso por seus dons de cura e muitas nascentes de água com poderes de cura foram destinadas a ele. Acredita-se que Miguel aparecera para o Imperador Constantino em *Sosthenion*, cidade a quase cinco milhas ao sul de Constantinopla, e pessoas doentes começaram a dormir na igreja, esperando ver Miguel.

Três visões importantes de Miguel asseguraram sua popularidade no Ocidente. A primeira dessas visões ocorreu no sul da Itália, em 492 d.C. Um homem rico chamado Galgano (também conhecido como Gargano) tinha muitos rebanhos e ovelhas que se alimentavam do lado de uma montanha. Um dia, um búfalo se perdeu e ele mandou seus homens procurá-lo. O animal foi encontrado na entrada de uma caverna no topo da montanha. Galgano ficou zangado com o tempo e energia perdidos em achar o búfalo. Ele pediu que um de seus empregados o matasse. O empregado atirou uma flecha no búfalo. Entretanto, de forma

---

31. Anna Jameson, *Legends of the Madonna*. Boston, MA: Houghton Mifflin and Company, 1895, 140.

milagrosa, a flecha virou em sentido contrário no meio do ar e atingiu o coração do homem, que morreu na hora.

Galgano e seus empregados ficaram angustiados com isso e pediram o conselho de um bispo local. O bispo jejuou e rezou por três dias. No fim desse período, Miguel surgiu para ele em uma visão. Na visão, Miguel desceu até a Terra no ponto onde o búfalo foi encontrado e disse ao bispo que o homem faleceu porque o lugar era sagrado para ele. Miguel pediu que uma igreja fosse construída ali em sua honra.

Quando o bispo trouxe Galgano e seus colegas para a caverna, eles acharam três altares lá dentro. Um deles estava coberto com um bonito bordado vermelho e uma toalha de altar dourada. Uma corrente de água pura nasceu de uma rocha e descobriu-se que tinha poderes de cura.

Naturalmente, uma igreja foi construída no lugar e tornou-se um local popular de peregrinação, já que muitas pessoas queriam ver por onde Miguel caminhara. Tal caverna é conhecida como a Basílica Celestial. Os peregrinos visitam a caverna até hoje e admiram as magníficas obras de arte e a bela estátua de mármore de Miguel, esculpida por Sansovino. Miguel aparece vitorioso após derrotar um horrível monstro.[32]

O culto a Miguel ganhou popularidade no século IV e a aparição no Monte Galgano em 492 d.C. contribuiu muito para ajudar em sua reputação como campeão divino. A partir do século IV ele veio a ser o anjo ao qual se reza em tempos de crise, principalmente no momento da morte.

Há um manuscrito copta do século IV relatando que Miguel ficou do lado de um homem morto. Depois, Miguel e Gabriel cuidaram da alma dele.[33]

---

32. David Gittings, *Spiritual Pilgrimage*. Hereford, *UK*: New Editions, 1996, 102.
33. S. G. F. Brandon, *Religion in Ancient History*. Londres, *UK*: George Allen and Unwin Limited, 1973, 367.

A lenda diz que o imperador Henrique II (973–1024), o último governador saxão da Alemanha, fez uma peregrinação até a Basílica Celestial dois anos antes de sua morte e ficou preso na caverna durante a noite. Miguel e um grupo de anjos apareceram e realizaram uma liturgia celestial para ele. Henrique II foi nomeado Sagrado Imperador Romano pelo papa Benedito VIII em 1014 e, com frequência, era conhecido como o Santo, em virtude da maneira que conseguiu ser rei sacerdotal.

A segunda visão foi até mais notável e ocorreu um século depois, em Roma. Naquela época, uma praga tinha devastado a cidade. Na tentativa de exterminar a peste, São Gregório, que depois se tornou papa, pediu para os habitantes formarem uma procissão pelas ruas da cidade. O próprio Gregório liderou a procissão. Por três dias, a procissão fez seu caminho pelas ruas de Roma e, por fim, chegou ao túmulo de Hadrian. Gregório viu Miguel iluminado em cima do monumento e o anjo embainhou casualmente a espada que estava com gotas de sangue. Gregório soube de imediato do término da praga e construiu uma igreja no local, que dedicou a Miguel. Em tempos mais recentes, o papa Benedito XIV colocou uma enorme estátua de bronze de Miguel no túmulo de Hadrian para comemorar esta visitação milagrosa.

A terceira visão envolveu Aubert, bispo de Avranches, e aconteceu em 706 d.C. Perto da costa da Normandia, existe uma grande rocha que se transforma em ilha na maré alta. Por causa do seu isolamento e inacessibilidade, a ilha foi usada como fortaleza e prisão. O bispo teve uma visão em uma dada noite em que Miguel apareceu e falou para que ele visitasse o ponto mais alto na rocha. O anjo disse-lhe que ele encontraria um búfalo escondido ali. Aubert deveria construir uma igreja que cobrisse toda a área onde o búfalo pisara. Também acharia uma nascente de água com poderes de cura.

Aubert ignorou a visão, pensando que era apenas um sonho. No entanto, a visão ocorreu em mais duas ocasiões. Por fim, Miguel tocou em sua testa com o polegar e deixou uma marca que ficou para o resto de sua vida. Naturalmente, após essa experiência, Aubert visitou o lugar e construiu uma pequena igreja ali. Mais tarde, a igreja foi substituída por outra mais exuberante. William, o Conquistador, terminou de construí-la.

Embora as visões de Aubert não fossem tão impressionantes como as outras duas anteriores, e pudessem, de fato, ser vistas como cópia da primeira, o Monte São Michel tornou-se um lugar importante para visita de peregrinos e Miguel foi escolhido como o santo protetor da França. Isso passou a incluir a Inglaterra quando William, o Conquistador, invadiu a Grã-Bretanha. Hoje, há poucos lugares sem igrejas dedicadas a São Miguel.

No tempo das Cruzadas, o culto a Miguel, o santo guerreiro, foi usado para ajudar a cristianizar as Cruzadas e a converter, às vezes de forma violenta, as pessoas nos países nórdicos. Gradualmente, os valores sociais vieram a ser considerados mais importantes do que os militares e o culto à Virgem Maria começou a ter precedência sobre o de Miguel.[34]

Joana d'Arc (1412-1431) começou a ouvir e, por fim, a ver São Miguel aos treze anos. Ele apareceu para visitá-la como um jovem bonito, cercado por outros anjos. Miguel sempre a apoiou e até sugeriu o tipo de bandeira que ela deveria usar ao liderar suas tropas. Ele falou para Joana seguir o conselho de Santa Catarina e Santa Margarete e deu-lhe coragem para libertar a França da dominação inglesa. Em seu julgamento, Joana d'Arc disse aos juízes que Miguel caminhara sobre a terra, mas eles não acreditaram nela.[35]

No fim do século XIX, o papa Leão XIII (1810-1903) desfaleceu durante o encontro com seus cardeais. Os médicos que o auxiliaram pensavam que tinha morrido, pois não puderam sentir seu pulso. Entretanto, poucos minutos depois, o idoso abriu os

---

34. David Keck, *Angels and Angelology in the Middle Ages*. (New York, NY: Oxford University Press, 1998, 39.
35. Paola Giovetti, Angels: *The Role of Celestial Guardians and Beings of Light*. York Beach, ME: Samuel Weiser, Inc., 1993, 69. (Publicado originalmente por Edizioni Mediterranee, Roma, Italy, 1989).

olhos e comentou com os cardeais a respeito de uma visão horrível. Enquanto estava inconsciente, o papa tinha visto a atividade inacreditável dos maus espíritos tramando contra a Igreja. Felizmente, Miguel apareceu em sua visão e mandou Satanás e seus ajudantes de volta para o inferno. Logo após o fato, o papa Leão compôs sua famosa oração, que está no início deste capítulo, e decretou que seria recitada no fim da missa para ajudar a proteger a igreja. Embora isso fosse opcional nos anos de 1960, muitas pessoas ainda obtêm conforto com essa oração.

Entre 1961 e 1965, a Virgem Maria fez muitas visitas a quatro crianças na vila de Garabandal, na Espanha. Na primeira visita, em outubro de 1961, Maria disse a Conchita, uma das crianças, que ela precisava mudar seu modo de vida, ir à igreja com mais frequência e realizar muitas penitências. Quatro anos mais tarde, o arcanjo Miguel visitou as quatro crianças e repetiu a mensagem de Maria. Ele também lhes disse que, caso rezassem sinceramente, receberiam qualquer coisa que pedissem.[36]

Os seguidores das Testemunhas de Jeová acreditam que Jesus é, na verdade, Miguel e a citação de 1 Tessalonicenses 4: 16 fundamenta isso: "Quando for dado o sinal, à voz do arcanjo e ao som da trombeta de Deus, o mesmo Senhor descerá do céu e os que morreram em Cristo ressurgirão primeiro". Como Miguel é o único anjo em específico chamado de arcanjo na Bíblia (Judite 9), eles admitem que seja ele. Contudo, a passagem afirma que a voz de um arcanjo acompanhará Cristo em sua Segunda Vinda. Portanto, não significa necessariamente que Jesus seja o arcanjo ou que este arcanjo singular seja Miguel. Mais evidências disso podem ser encontradas em Hebreus 1:6: "todos os anjos de Deus o adorem (Jesus)". Este fato denota a adoração de Miguel a Jesus, o que não seria o caso se fossem a mesma pessoa.

---

36. Paola Giovetti, *Angels: The Role of Celestial Guardians and Beings of Light*, 95-96.

## Miguel na Tradição Judaica

Na tradição judaica, Miguel é visto como aquele que guarda as chaves do Céu e o protetor de Israel. No Bahir, um dos textos de cabala mais antigos, ele é considerado o anjo do amor ou o conceito de dar sem receber qualquer pensamento ou recompensa em troca.[37]

Miguel apareceu para Moisés na sarça ardente (Êxodo 3:2). Uma antiga lenda judia diz que Miguel, junto com Gabriel, Rafael, Uriel e Metatron, enterrou Moisés depois de disputar o corpo com Satanás. Isso também é mencionado na Epístola Geral de Judite, versículo 9.

Miguel pode ter se irritado, como indica a antiga história judaica de seu confronto com Jacó. Um dia, Jacó e os empregados dele estavam prestes a deslocar suas ovelhas e seus camelos para o outro lado de um vau no rio quando encontraram outro pastor agindo da mesma forma. Esse pastor sugeriu a Jacó que se ajudassem a fazê-lo. Jacó concordou, desde que suas ovelhas e seus camelos atravessassem primeiro. O pastor aceitou e o rebanho foi conduzido rapidamente para o lado oposto do rio. Depois, começaram a deslocar o rebanho do estranho. Porém, ele parecia ter uma quantidade ilimitada de ovelhas. Não importando quantas foram deslocadas para o outro lado do rio, uma quantidade semelhante ficou do outro. Após o trabalho árduo durante toda a noite, Jacó perdeu a paciência e chamou o estranho de feiticeiro. O pastor tocou o chão e o fogo acendeu. Isso não deixou Jacó impressionado. A briga quase virava uma luta, quando Deus apareceu. O pastor atingiu a coxa interna de Jacó e um ferimento surgiu.

Deus olhou o pastor com reprovação.

— Miguel — Deus disse, pois o pastor estranho era, na verdade, o arcanjo Miguel — por que machucou Meu padre Jacó?

---

37. Rabbi Nehunia ben haKana (atribuído a), *The Bahir* (traduzido por Aryeh Kaplan). York Beach, ME: Samuel Weiser, Inc., 1979, 5, 97.

Miguel estava consternado.
— Mas eu sou seu padre — disse.
Deus respondeu:
— Você é Meu padre no céu, mas Jacó é Meu padre na Terra.
Miguel ficou bravo e resignou-se. Ele invocou imediatamente o arcanjo Rafael e pediu que curasse Jacó. No entanto, suas dificuldades não tiveram fim, já que Deus insistiu em saber por que machucara Jacó. Miguel disse que o fez para glorificar a Deus. Deus respondeu transformando Miguel no anjo protetor de Jacó e de seus descendentes por todo o sempre.[38] Um breve relato disso pode ser encontrado em Gênesis 32: 24-30.

Depois do tempo da escravidão, os hebreus vieram a reconhecer Miguel, o Espírito do Bem, como o protetor da nação hebreia. A veneração dos judeus por Miguel ajudou a influenciar sua expansão junto ao crescimento da igreja cristã.

## Miguel na Tradição Islâmica

Na tradição islâmica, Mika'il (Miguel) controla as forças da natureza e tem um exército de anjos para auxiliá-lo. Só Deus sabe quantos anjos estão sob o comando de Miguel e eles o ajudam a enviar chuva, neve, vento ou nuvens quando se pede.

Miguel possui milhares de línguas que lhe permitem falar milhares de idiomas. Apresenta cabelos compridos da cor amarelo-laranja, que vão até os pés. Cada cabelo contém um milhão de faces com setenta mil lágrimas. Miguel vive no sétimo céu e tem asas gloriosas da cor de um topázio verde. O anjo leva seu trabalho a sério. Nunca ri. Acredita-se também que os querubins foram criados a partir das lágrimas derramadas por Miguel ao contemplar os pecados dos fiéis.[39]

---

38. Louis Ginzberg, *The Legends of the Jews, Volume 1* (traduzido por Henrietta Szold), Philadelphia, PA: The Jewish Publication Society of America, 1909, 384-388.
39. James Redfield, Michael Murphy e Sylvia Timbers, *God and the Evolving Universe*. New York, NY: Jeremy P. Tarcher/Putnam, 2002), 196.

Deus criou um lar especial no paraíso onde os anjos o visitam cinco vezes por dia para prestar serviços, liderados por Miguel. Cada anjo canta e salmodia em línguas diferentes. Eles pedem para Deus aumentar a piedade sobre a humanidade. Deus recompensa os anjos por sua devoção e seu louvor, com o oferecimento de clemência e perdão.[40]

No paraíso, Miguel também cuida das Árvores de Sino. São árvores douradas cobertas com sinos de prata. Os sinos criam um som tão bonito que as pessoas na Terra, caso pudessem ouvir, morreriam na hora, em virtude de sua grande intensidade. Cada sino emite uma luz que possibilita aos habitantes do paraíso ver coisas que nem poderiam imaginar enquanto viviam na Terra.[41]

## Miguel e São Jorge

Com frequência, Miguel identifica-se com dois outros santos, São Pedro e São Jorge. Ele é associado a São Pedro porque ambos possuem as chaves do Céu, e a São Jorge porque os dois mataram os dragões, um símbolo bem conhecido de Satanás.

Na verdade, Tabori, historiador árabe do século IX, narrou uma história interessante que destacou Miguel e São Jorge. O relato do historiador começa no vale do Tigre e conta como São Miguel salvou São Jorge da perseguição do imperador Diocleciano. Aparentemente, o imperador romano amarrou São Jorge em uma tábua e o arranhou com pentes de ferro. Como isso não o matou, ele foi colocado em um caldeirão de água quente. De novo, São Jorge apareceu são e salvo.

Depois disso, Diocleciano amarrou as mãos e os pés do santo guerreiro e pôs um pilar de mármore em suas costas. O pilar era tão pesado que vinte homens tiveram de erguê-lo. Um anjo visitou São Jorge à noite e removeu o pilar. O imperador cortou São

---

40. Shaykh Muhammad Hisham Kabbani, *Angels Unveiled: A Sufi Perspective*. Chicago, IL: KAZI Publications, Inc., 1995, 170.
41. Shaykh Muhammad Hisham Kabbani, *Angels Unveiled: A Sufi Perspective*, 173.

Jorge pela metade e cada pedaço ainda foi cortado em sete pedaços, jogados aos leões. Porém, os leões se recusaram a comê-los. Deus juntou os catorze pedaços novamente. Isso enfureceu Diocleciano, que colocou São Jorge dentro de uma estátua vazia, endurecida por três dias. Dessa vez, Miguel quebrou a estátua e salvou São Jorge.

A história não termina aqui e continua com Diocleciano impondo várias punições, cada vez mais severas, até São Jorge morrer.[42]

## Coragem e Força

Em 1950, o papa Pio XII proclamou Miguel para ser o protetor da polícia. É um tributo adequado ao anjo que teria destruído os exércitos de Senaqueribe e as forças de Satanás. Nos Pergaminhos Sagrados do Mar Morto, diz-se que ele teria comandado os anjos de luz em uma batalha contra os anjos malignos, liderados pelo demônio Bibel.

Uma conhecida minha chamada Mônica sentiu-se presa em um mau relacionamento afetivo. A crueldade foi verbal e física. Ela carregou a culpa pelas dificuldades nesse relacionamento e o manteve até um dia aparecer no local de trabalho com o olho roxo. Seu amigo não acreditou na história dela de ter batido com o rosto na porta e, durante o almoço, disse-lhe para pedir que Miguel desse a força necessária a fim de se reerguer e interromper a relação. Felizmente, o amigo foi persistente, pois Mônica falou que iria fazê-lo, mas depois não fez nada.

Por fim, a situação ficou tão ruim que Mônica pediu a ajuda de Miguel. Assim, foi enfim capaz de se reerguer. Ela rompeu seu relacionamento, para grande surpresa de seu namorado, e mudou-se para outra cidade. Hoje em dia, ela tem um relacionamento bom e estável e não pode acreditar como deixou o anterior durar tanto. Agora, ela invoca regularmente Miguel e os outros arcanjos.

---

42. Stephen Herbert Langdon, *The Mythology of all Races, Volume V: Semitic*. New York, NY: Cooper Square Publishers, Inc., 1964, 338-339.

Miguel vai dar-lhe coragem quando necessário, já que possui apoio ilimitado. Em Apocalipse 12: 7-12, ele é chefe do exército que lutará contra Satanás e trará fim às trevas.

Provendo coragem a nós, Miguel também elimina a negatividade. Com frequência, somos nossos próprios inimigos, e ele purifica a negatividade do coração e da mente, permitindo que façamos planos e continuemos a viver de maneira otimista.

## Verdade e Integridade

Roger é vendedor em uma loja de carpetes. Trabalha com a ajuda de Miguel. Em uma época, costumava fazer qualquer coisa para vender. De forma habitual, mentia para seus clientes; mas, apesar de ganhar boa comissão, sempre sentia-se sujo e péssimo. Foi apresentado a Miguel em um *workshop* de anjos que ele e a esposa frequentavam. Como tinha Miguel em sua vida, Roger decidiu ser honesto e íntegro todas as vezes. No passado, sua integridade sempre estava sendo questionada. Hoje, ele ganha a vida melhor do que antes. Gosta mais de seu trabalho e sente-se bem consigo mesmo.

Isso se deve ao poder de Miguel, campeão da lei, julgamento, verdade e integridade. O Livro de Daniel 10:21 diz: "Far-te-ei conhecer o que está escrito no livro da verdade. Não há ninguém que me defenda a não ser Miguel, vosso chefe".

Miguel também é solidário e compreensivo, o que justifica a razão de ser conhecido às vezes como o anjo da piedade. Há uma lenda que conta que os querubins foram criados a partir das lágrimas derramadas por Miguel ao contemplar os pecados dos fiéis.

## Proteção

Sybil teve de voltar para casa de carro por um bairro perigoso após uma noite fora com um grupo de amigos. Ficava sempre nervosa nessa parte da cidade e só percorreu aquele caminho a fim de chegar vinte minutos mais cedo. No momento em que dizia para si mesma como esperava que seu carro não quebrasse, o motor morreu e o carro parou de funcionar.

Ela fechou todas as portas e ficou no carro, perguntando-se o que fazer. Lembrou de ter lido a respeito de Miguel e como ele a protegeria. Parecia ser um tiro no escuro, já que nunca havia pedido ajuda antes, mas estava preparada para tentar alguma coisa. Sybil pediu mentalmente a ajuda de Miguel. Ela sentiu o envolvimento de uma paz repentina e consciência de não estar sozinha. Por fim, pôde pensar direito de novo. No entanto, uma voz baixa continuou dizendo para ela deixar o carro e buscar auxílio perto de uma casa onde havia luzes acesas. Para sua grande surpresa, saiu do carro, andou pela rua e tocou a campainha.

— Não fiquei com medo — explicou ela mais tarde. — Apenas sabia que estava protegida e que nada de ruim aconteceria comigo.

Estava certa. A porta foi aberta por um jovem com cabelo arrepiado. Sob circunstâncias normais, nessa parte da cidade, ela teria se assustado com ele, porém explicou de maneira tranquila o que tinha acontecido e o jovem convidou Sybil para entrar a fim de que ela telefonasse pedindo ajuda. Ligou para seu irmão e, enquanto esperava a chegada dele, o jovem lhe fez uma xícara de chá e ficaram conversando sobre *rap*.

— Foi a experiência mais estranha de toda a minha vida — contou-me Sybil — senti-me segura, protegida e totalmente controlada. A ajuda de Miguel me transformou. Depois disso, eu o invoquei diversas vezes, pois sei que ele sempre está ali por mim.

Há uma antiga história romana que mostra que Miguel não apenas protege, mas também defende as pessoas que precisam dele. Nessa história, um grupo de ninfas do vento atacou um homem sem chance de defesa, que estava quase cego. Miguel foi no encalço delas e aplicou-lhes punição.[43]

---

43. Stephen Herbert Langdon, *The Mythology of all Races*, Volume V: Semitic, 363.

Enquanto escrevia este livro, Miguel auxiliou meus dois familiares. Minha filha, Charlotte, e sua família estavam no carro prestes a tomar outro caminho, quando ela ouviu uma voz dizendo para olhar debaixo do carro. Obedeceu e encontrou seu gato de estimação dormindo profundamente quase embaixo de uma das rodas. Se Charlotte não o tivesse feito, teria atropelado seu gato.

Uma história mais dramática envolve meu filho mais velho, Nigel. Ele voltava para casa em Ealing, Londres, tarde da noite, quando foi abordado por um homem portando uma enorme faca. O homem pedia dinheiro. Nigel estava apanhado sua carteira no momento em que escutou uma voz dizendo para ele correr. Ele correu pela rua, perseguido pelo homem, o qual, felizmente, tropeçou e caiu. Assim, Nigel pôde bater no portão de uma casa e gritar para que chamassem a polícia. Antes mesmo que os moradores o fizessem, vários carros da polícia chegaram. O ladrão havia esfaqueado uma pessoa quinze minutos antes e a polícia já procurava por ele.

Em ambos os casos, Charlotte e Nigel escutaram uma voz suave e silenciosa falando o que fazer. Acreditaram, assim como eu, que Miguel dava proteção e conselho.

## Miguel na Arte Religiosa

Miguel apareceu sozinho e com outros arcanjos em muitas obras de arte. Acredita-se que o exemplo mais antigo foi um grande mosaico na Igreja de São Michel em Ravenna, que data aproximadamente de 545 d.C. Esse mosaico mostra Cristo segurando uma cruz e um livro aberto. Miguel e Gabriel, com grandes asas e cetros, estão ao lado dele.[44]

De modo habitual, Miguel é representado como um jovem atraente e comportado que sempre está em guerra contra as forças

---

44. Anna Jameson, *Sacred and Legendary* Art, Volume 1 (Boston, MA: Houghton Mifflin and Company, 1895), 87.

do mal. É quase sempre mostrado com grandes asas. Obras antigas apresentam o anjo usando manto branco e asas de muitas cores. Do século XVI em diante, aparece sempre vestido com cota\* de malhas de ferro e portando espada, lança e escudo. Frequentemente, é exibido com um pé em Lúcifer na forma de dragão ou metade humana, e a lança de Miguel fica levantada, pronta para ser atirada. Essa cena é popular porque reflete o triunfo de nossos seres espirituais sobre nossos instintos animais.

## A Festa de São Miguel

O dr. E. W. Bullinger, pesquisador bíblico, tentou encontrar o dia exato do nascimento de Jesus, baseado em fatos conhecidos, e chegou a uma conclusão interessante. Ele acredita que o dia 25 de dezembro seja a data da concepção de Jesus e que, na verdade, ele nasceu no dia 29 de setembro. Acredita também que os dois principais arcanjos, Gabriel e Miguel, estavam envolvidos. Gabriel apareceu para Maria no dia 25 de dezembro para anunciar a concepção e Miguel visitou os pastores no dia 29 de setembro.[45]

No século V, os romanos criaram um feriado para Miguel. De forma surpreendente, a Festa de São Miguel é celebrada anualmente no dia 29 de setembro. Durante a Idade Média, essa festa tornou-se muitíssimo importante, pois Miguel é o santo protetor dos cavaleiros. Em uma época, a Igreja Católica tinha dias de festas individuais para Miguel (29 de setembro), Gabriel (24 de março) e Rafael (24 de outubro). No entanto, nos dias de hoje, a Igreja Católica celebra São Miguel e Todos os Anjos na festa de São Miguel. Já as igrejas gregas, armênias, russas e coptas celebram Miguel no dia 8 de novembro.

---

\* N. T.: Armadura que cobria o corpo.
45. H. C. Moolenburgh (traduzido por Amina Marix-Evans), A Handbook of Angels. Saffron Walden, UK: The C.W. Daniel Company Limited, 1984), 99-100. Publicado originalmente em 1984 por Uitgeverij Ankh-Hermes, Netherland como Engelen.

Na Inglaterra, um ganso era tradicionalmente cozido na festa de São Miguel. Isso explica o antigo ditado: "Coma um ganso na festa de São Miguel e você não precisará de dinheiro por um ano". Na Irlanda, uma torta da festa de São Miguel era preparada e um anel era colocado dentro dela. Acreditava-se que a pessoa que recebesse o anel em seu pedaço de torta se casaria logo. Na Ilha de Skye, uma procissão era realizada e as pessoas assavam um bolo, conhecido como a broa de aveia de São Miguel.

A festa de São Miguel também é importante por outra razão. Na Grã-Bretanha, o dia 29 de setembro foi um dos quatro "primeiros dias do trimestre" do ano financeiro, pois lá o ano financeiro começa no dia 1º de abril. Os dias trimestrais eram ocasiões importantes em que contas, aluguéis, débitos e abonos eram pagos.

Além disso, a festa de São Miguel indicava o início do outono no hemisfério norte e marcava a época de abandonar tudo o que não tinha importância para servir a um propósito em sua vida. Isso incluia relacionamentos que não estavam evoluindo, padrões de comportamento, hábitos indesejáveis e pensamentos negativos.

Agora que sabemos quem é Miguel e como ele vem sendo visto por toda a história, podemos continuar para conhecê-lo melhor no próximo capítulo.

# Capítulo 2

# Como Entrar em Contato com Miguel

*Os anjos querem* prestar ajuda a qualquer momento. Tudo o que você precisa fazer é pedir. Naturalmente, não se deve invocar um arcanjo por assuntos triviais ou por algo que você mesmo pode resolver. Entretanto, se a necessidade for urgente ou precisar de auxílio angelical, pode-se ter contato imediato com um determinado anjo.

Embora Miguel seja ocupadíssimo, sua presença está em todo o lugar e ele pode ajudar de forma instantânea. Há muitas maneiras de fazer isso.

## Altar Angelical

É uma boa ideia possuir um lugar sagrado que você utilize a fim de estabelecer contato com Miguel. Lugar sagrado é qualquer área para realização de obra espiritual. Quanto mais for usado, mais sagrado se tornará e mais eficiente será. No devido tempo, outras pessoas serão capazes de sentir as energias especiais dentro da área de seu lugar sagrado.

Logicamente, local disponível, privacidade e conveniência são essenciais para definir onde ter seu altar. Utilize qualquer cômodo em sua casa. A cozinha, por exemplo, pode ser um bom local, assim como o piso da lareira foi tradicionalmente considerado o centro espiritual da casa. Use sua intuição, mais do que a lógica, ao escolher seu lugar sagrado. Não há razão para se ter apenas um altar. Você pode ter quantos quiser.

Caso seja afortunado, poderia montar um altar permanente para honrar Miguel. Muitas pessoas não apresentam tal luxo e utilizam uma área adequada (por exemplo: mesa de jantar ou do café) como altar temporário. Em alguns aspectos, isso não é ruim, pois o ritual pode ser feito sem limpar ou montar seu altar todas as vezes.

Você pode colocar algo que lhe faça sentir-se bem em seu altar. Alguns gostam de altares com decorações bem elaboradas, enquanto outros preferem arte minimalista. Pode decorá-lo com velas, cristais, óleos essenciais, flores novas, plumas e alguns objetos de valor. Se tiver um ornamento ou foto de anjo, use também.

Você pode mudar os objetos no altar de acordo com sua vontade. Frequentemente, isso depende do ritual específico a ser realizado. Tenho uma amiga que desenha uma mandala antes de fazer qualquer ritual e o põe no meio de seu altar. As mandalas geralmente são usadas apenas uma vez. Ela guarda as antigas em um livro que lhe transmite uma imagem muito iluminada de seu crescimento espiritual e emocional.

Tente passar pelo menos cinco minutos por dia em frente de seu altar, mesmo se não estiver realizando um ritual. Considere seu altar energético e enriquecedor e, ao mesmo tempo, ele vai consagrar ainda mais seu lugar sagrado. Sessões regulares desse tipo permitem que seu corpo físico relaxe, o que possibilita à sua alma achar a fonte espiritual. Você encontrará essa cura em muitos níveis.

## Ritual de Invocação

Invocação é o ato de invocar ou chamar um espírito, anjo ou divindade para ajuda ou proteção. Usaremos este ritual para invocar Miguel, mas pode ser usado também para outros propósitos.

Você necessitará de algum local onde não seja interrompido ou incomodado. Talvez seja melhor fazer este ritual na frente de seu altar. Ele pode ser realizado dentro ou fora de casa, dependendo do tempo e de outras circunstâncias. Além de minha árvore do oráculo[46] que uso nos meses de verão quando o tempo está bom, tenho um lugar especial fora de casa. Em outras ocasiões, faço este ritual dentro de casa. Tenho sorte por possuir um lugar sagrado em meu lar. Caso não monte altar ou lugar sagrado em sua casa, realize este ritual na sala ou quarto. Limpe o ambiente antes de começar. Tire ou cubra qualquer coisa que possa distraí-lo.

Tome um banho ou ducha relaxante a fim de se purificar antes do ritual. Algumas pessoas também gostam de jejuar e meditar antecipadamente.

A melhor ocasião para realizar este ritual é a época em que a lua está ficando cheia. Algumas pessoas dizem que você deve fazê-lo apenas neste período. Sempre verifico antes e prefiro realizar a invocação na lua crescente. No entanto, considero este ritual tão importante que deveria ser feito em qualquer momento necessário.

Vista roupas largas e confortáveis e tenha certeza de que o quarto esteja cálido o suficiente. Você pode optar por ficar nu. Caso queira, incremente o ar com incenso, velas e músicas. Ao requerer a ajuda de Miguel, acendo frequentemente vela laranja ou dourada, mas prefiro não usar incenso ou música. Esta é minha escolha particular e você deve ficar à vontade para fazer o

---

46. Richard Webster, *Omens, Oghams and Oracles*. St. Paul, MN: Llewellyn Publications, 1995, 39-41.

que considerar necessário a fim de criar o clima adequado para o ritual.

O ritual acontece dentro de um círculo de aproximadamente dezoito metros de diâmetro. Você pode desenhar um círculo apropriado se desejar, ou então apenas imagine a presença dele. Fique no centro do círculo, voltando-se para o leste. Respire fundo três vezes e visualize-se cercado por uma luz branca e pura. Feche os olhos e peça sabedoria infinita para auxílio e proteção.

Toque a testa com o dedo indicador direito e diga: "Tu és". Mova o dedo indicador em linha reta até o peito e diga: "o Reino". Toque o ombro direito e diga: "o Poder". Toque o ombro esquerdo e diga: "e a Glória". Coloque as mãos no coração e diga: "por todo o sempre, Amém".

Se você lida com a Cabala, pode optar por fazer a Cruz Cabalística. Para fazer isto, diga "*Ateh*" (Para ti) enquanto toca a testa. Mova o dedo indicador em linha reta até a área genital e diga: "*Malktuth*" (é o Reino). Venha com o dedo indicador até tocar o ombro direito e diga: "*Ve Geburah*" (o Poder). Diga "*Ve Gedulah*" (e a Glória) quando tocar o ombro esquerdo e "*Le Olahm*" (por todo o sempre, Amém) ao tocar as mãos no coração.

Visualize-se rodeado pelos quatro principais arcanjos: Rafael, na sua frente, no leste; Miguel, ao sul; Gabriel, ao oeste e Uriel, ao norte.

Abra os olhos e estenda a mão direita com o braço esticado na sua frente na altura do peito. Começando embaixo do lado esquerdo, com um traço ascendente para a direita e em movimento constante, desenhe um pentagrama ou estrela de cinco pontas no ar. É conhecido como o pentagrama de banimento. Ele purifica e retira vibrações ou energias negativas enquanto cria paz e harmonia. Além disso, fornece proteção. Visualize esse pentagrama como uma luz incandescente e vibrante. Você pode também imaginá-lo como se estivesse escrito em forma de fogo. Uma vez que desenhou o pentagrama, aponte para o centro dele e diga: "Arcanjo Rafael, grande Deus do Leste e Príncipe do Ar, seja bem-vindo e obrigado". Desenhe um grande círculo no ar para colocar o pentagrama.

O pentagrama é um símbolo bem conhecido de proteção e vem sendo usado dessa maneira há milhares de anos. Cerca de seis mil anos atrás, os astrônomos notaram que os movimentos do planeta Vênus criaram a forma de um pentagrama. O ponto em cima do pentagrama simboliza espírito puro e os outros pontos representam os quatro elementos do fogo, terra, ar e água. Por ser desenhado em linha contínua, o pentagrama representa também a interligação de todas as coisas no universo. O círculo em torno do pentagrama simboliza lugar sagrado e mantém longe as más energias.

Dado que o pentagrama foi desenhado no leste, com o braço estendido, volte-se para o sul. De novo, desenhe um pentagrama no ar. Aponte para o centro dele e diga: "Arcanjo Miguel, grande Deus do Sul e Príncipe do Fogo, seja bem-vindo e obrigado". Desenhe um círculo em volta do pentagrama e depois, com o braço esticado, volte-se para o oeste.

Repita o processo, dando boas-vindas a Gabriel enquanto aponta para o centro do pentagrama. "Arcanjo Gabriel, grande Deus do Oeste e Príncipe da Água, seja bem-vindo e obrigado". Trace um círculo em volta do pentagrama e, com o braço estendido, volte-se para o norte. Desta vez, dê boas-vindas a Uriel, após desenhar o pentagrama. "Arcanjo Uriel, grande Deus do Norte e Príncipe da Terra, seja bem-vindo e obrigado". Desenhe um círculo para finalizar esse pentagrama e, depois, com o braço ainda estendido, volte-se para o leste de novo.

Agora, você formou um círculo de proteção e criou um lugar sagrado para trabalhar.

Feche os olhos e estenda os braços na sua frente, cruzados na altura dos cotovelos, para criar um símbolo de cruz. Visualize os quatro arcanjos ao seu redor. Pode vê-los como anjos enormes e bonitos ou mesmo visualizá-los como bolas de energia em rotação. Pode vê-los também como enormes luzes coloridas: Rafael é amarelo; Gabriel, azul; Miguel, vermelho e Uriel, verde. Até poderia ver estes arcanjos: Rafael com cabelos dourados, vestindo mantos amarelos e violeta; Gabriel com cabelos de cor bronze, vestindo mantos azuis e laranja; Miguel com cabelos de fogo, vestindo mantos vermelhos e verdes e Uriel com cabelos escuros, vestindo mantos pretos, verdes e amarelos. Suas asas estão abertas para fechar o círculo de proteção.

Diga em voz alta: "Na minha frente está o arcanjo Rafael enquanto atrás de mim está o arcanjo Gabriel. À minha direita, está o arcanjo Miguel e, à minha esquerda, está o arcanjo Uriel. Tenho meu Pai no céu e minha Mãe na terra. Dentro de mim mora a força da vida universal. Com toda essa ajuda e proteção, posso conseguir qualquer coisa".

Respire fundo. Prenda a respiração o quanto puder e solte-a devagar. Deixe seu corpo físico sentir que é capaz de obter qualquer coisa e depois abra os olhos.

Notará que, embora seu lugar sagrado seja igual, ele terá uma sutil diferença ao mesmo tempo. Talvez você possa ser capaz de ver os arcanjos, mas é improvável. No entanto, saberá que estão ali sem sombra de dúvida.

Abaixe os braços ao longo do corpo e volte-se para o sul. Agora, é hora de pedir ajuda a Miguel. Fale normalmente como se estivesse conversando com seu melhor amigo. Não há necessidade de linguagem rebuscada ou antiquada. Esteja ciente de que ele está ali e quer ajudá-lo de qualquer maneira.

No fim do ritual, você precisa traçar de novo os pentagramas na mesma ordem anterior.

De frente para o leste, trace o pentagrama de banimento e diga: "Agora excluo este círculo. Obrigado Rafael, arcanjo do leste e do ar". Com o braço estendido, volte-se para o sul. Trace o pentagrama de banimento e diga: "Agora excluo este círculo. Obrigado Miguel, arcanjo do sul e do fogo. Obrigado por todas as suas bênçãos sobre mim". Mantenha o braço estendido e volte-se para o oeste. Trace o pentagrama de banimento e diga: "Agora excluo este círculo. Obrigado Gabriel, arcanjo do oeste e da água". Com o braço estendido, volte-se para o norte. Repita o processo, traçando o pentagrama de banimento. "Agora excluo este círculo. Obrigado Uriel, arcanjo do norte e da terra". Volte-se para o leste. Preste leve reverência e diga: "Obrigado, Rafael". Repita isso nas outras direções, agradecendo a cada arcanjo.

O ritual agora terminou. Você pode sair do círculo e continuar a vida cotidiana. Fique confiante de que seu pedido será atendido. Talvez se sinta empolgado, feliz e cheio de ideias. Problemas que antes pareciam insuperáveis, agora parecerão pequenos desafios. Aproveite os poucos minutos de relaxamento antes de voltar completamente ao mundo material. Você pode comer ou beber algo para ajudar no seu novo fortalecimento após o ritual.

## Ritual do Cristal

Os efeitos poderosos que os cristais exercem em nós de maneira física, mental e emocional são conhecidos há milhares de anos. Portanto, não é surpreendente que certos cristais sejam associados ao reino angelical. Acredita-se que a primeira pessoa a fazê-lo foi o papa Gregório, o qual considerou o carbúnculo como pedra preciosa talismânica para os arcanjos.[47] Cristais azuis, amarelos e dourados têm mais a ver com Miguel. No entanto, use a intuição, pois qualquer cristal que mais se adapte a você irá

---

47. Cornelia M. Parkinson, *Gem Magic*. New York, NY: Fawcett Columbine, 1988, 47.

funcionar. Os cristais que gosto de usar com Miguel são: safira, lápis-lazúli, água-marinha, turquesa e topázio (azul e amarelo).

A safira purifica e restaura a alma. Ajuda a relaxar e meditar. É conhecida como a pedra do filósofo, pois quem a usa encontra paz mental e descobre verdades ocultas. Provê energia, entusiasmo, senso comum e apoio.

O lápis-lazúli auxilia no desenvolvimento espiritual e acentua a intuição, principalmente a clariaudiência. Tira os medos, as dúvidas e as preocupações. Promove amor e amizade.

A água-marinha aumenta a criatividade e a percepção. Ajuda no esclarecimento, compreensão e percepção. Às vezes, é também usada para fortalecer o sistema imunológico.

Com frequência, a turquesa é utilizada como amuleto protetor. Além disso, dá confiança, energia e entusiasmo. Alegra e anima à medida que elimina energias negativas.

O topázio azul fornece inspiração e ajuda a resolver problemas emocionais. Este cristal possibilita aos seus usuários olhar para os objetos de uma maneira diferente e expressar-se de modo produtivo.

O topázio amarelo aumenta a criatividade e a concentração. Este cristal encoraja os seus usuários a desenvolver sua espiritualidade. Além disso, gera harmonia e paz mental.

O quartzo rutilado é outro cristal que pode ser usado ao estabelecer contato com o reino dos anjos. Às vezes, é chamado de "cabelo angelical" porque as inclusões de rutílio de ouro e prata dentro do quartzo transparente se parecem com cabelo enrolado. Proporciona alegria, harmonia e paz mental. Também estimula o crescimento espiritual.

Sente-se de forma confortável em um lugar onde não seja interrompido. Assegure-se de estar usando roupas largas e de estar razoavelmente animado. Coloque seu cristal na palma da mão esquerda e deixe as costas dessa mão na palma da mão direita. Mantenha as mãos no colo ou à altura do umbigo.

Feche os olhos e respire fundo várias vezes. Em seguida, pense no cristal que está na mão esquerda. Veja quais energias e pensamentos vêm até você. Você pode sentir que o cristal responde à sua meditação. Poderá sentir também algumas qualidades do cristal espalhando-se pelo corpo inteiro.

Passe um bom tempo fazendo isso. Se realizar esse ritual muito rapidamente, é possível que perca alguns discernimentos importantes ocorridos durante a meditação. Assim que estiver pronto, peça para Miguel ficar junto de você. De novo, seja paciente e disponibilize o tempo que for necessário. Sente-se de forma tranquila com os olhos fechados e espere por algum sinal da chegada de Miguel. Talvez você sinta uma leve mudança na temperatura. Você pode ter a sensação de que ele está ali. Isso pode acontecer em fração de segundos. Em um momento, ele não está com você, mas, no próximo, você notará de repente a presença do anjo.

Com a vinda de Miguel, pode pedir mentalmente qualquer coisa que deseje. Quando a conversa terminar, agradeça a ele, respire fundo algumas vezes e abra os olhos.

## Ritual do Pêndulo

Pêndulo é um pequeno peso, preso a um fio ou corrente. Minha mãe sempre usava sua aliança de casamento como peso e a amarrava a um pequeno fio de algodão. Pêndulos com fabricação especial podem ser comprados em qualquer loja da nova era, mas os eficientes também podem ser feitos de pequenos objetos, erguidos com de barbante ou fio. O peso ideal é por volta de oitenta e seis gramas. Você terá de especificar o melhor comprimento do fio. A medida entre sete centímetros e meio a quinze centímetros é bem apropriada.

Se você for destro, segure o fio entre o polegar e o mindinho da mão direita, deixe o cotovelo sobre o altar e levante o peso bem acima da superfície. Se for canhoto, talvez achará mais fácil usar o pêndulo com a mão esquerda. No entanto, tente, pois muitas pessoas preferem utilizá-lo com a mão não-dominante.

Pare o movimento do pêndulo com a mão que estiver disponível. Quando ele ficar estático, questione qual movimento indica a resposta "sim". Você pode fazer esta pergunta mentalmente ou em voz alta. Em geral, leva de um a dois minutos para o pêndulo responder à sua primeira tentativa. Uma vez que se acostume a usá-lo, ele se moverá de forma imediata. Você encontrará o pêndulo indo para uma das quatro direções a fim de mostrar "sim". O objeto poderá balançar longe de você e voltar em sua direção. De outra forma, poderá balançar de um lado para outro, ou fazer movimentos circulares no sentido horário ou anti-horário.

Após o pêndulo dar-lhe uma resposta positiva, você pode pedir a ele os três movimentos que indicam "não", "não sei" e "não quero responder".

Teste os movimentos com questões das quais você já sabe as respostas. Você pode, por exemplo, perguntar: "sou homem?". Se você for, seu pêndulo deve responder "sim". Caso contrário, deve responder "não".

Como em qualquer atividade, a habilidade com o pêndulo virá com prática. Entretanto, é um talento útil que você será capaz de usar de muitas maneiras.[48]

Após ter se acostumado com o pêndulo, pode utilizá-lo em um ritual para entrar em contato com Miguel. Sente-se em frente de seu altar e relaxe sua mente o máximo possível.

Depois de um ou dois minutos, pegue seu pêndulo e balance-o deliberadamente no sentido horário por sessenta segundos. Pare de movê-lo e pergunte em voz alta o que quer falar com Miguel. Pense na necessidade de comunicar-se com ele e indague ao pêndulo se o arcanjo está com você. De maneira confiante, o

---

48. Mais informações a respeito do pêndulo podem ser encontradas em: Richard Webster, *Pendulum Magic for Beginners*. St. Paul, MN: Llewellyn Publications, 2002.

pêndulo dará uma resposta afirmativa e você poderá começar a pedir ajuda de Miguel. Se o pêndulo não fornecer resposta, isso significa que Miguel, está vindo. Aguarde por mais um minuto e depois peça de novo.

Após Miguel fornecer uma resposta positiva, você poderá escolher entre duas opções: fazer perguntas a Miguel, que serão respondidas por meio do pêndulo, ou colocar o pêndulo de lado e ouvir as respostas de Miguel em sua mente (por clariaudiência).

## Ritual de Meditação

Ritual de meditação é uma maneira agradabilíssima de estabelecer contato com Miguel. É melhor fazê-lo sem cansaço. Senão, você pode adormecer.

Deite de costas e permaneça no chão ou em cama firme. Use um travesseiro, se necessário. Verifique se o quarto está cálido dentro dos padrões. Talvez você perca um ou dois graus de calor corporal durante este ritual. Vista roupas largas e cubra-se com um cobertor se precisar.

Quando se sentir confortável, feche os olhos. Respire fundo e solte devagar a respiração. Deixe uma onda de relaxamento propagar-se pelo corpo todo. Continue a respirar devagar e fundo. Após várias respirações, preste atenção no pé esquerdo e deixe-o relaxar por completo. Ao perceber que relaxou o máximo possível, fique bem atento à perna esquerda, relaxando os músculos da panturrilha, do joelho e das coxas. Assim que a perna esquerda estiver totalmente relaxada, faça o mesmo com a direita.

Continue o processo de relaxamento na parte de cima do seu corpo, incluindo abdômen, estômago, peito e ombros. Deixe o relaxamento tomar conta do braço esquerdo, até as pontas dos dedos. Repita com o braço direito.

Agora, relaxe os músculos de seu pescoço e de seu rosto. O corpo inteiro já deve estar relaxado. Vasculhe o corpo mentalmente para se assegurar disso. Relaxe áreas ainda tensas. Assim que estiver seguro de seu total relaxamento, pense nos músculos em volta dos olhos e certifique-se de que estão o mais relaxados possível.

Nesse estado de relaxamento e calma absoluta, pense no Arcanjo Miguel e peça para que ele venha até você. Pense na necessidade de tê-lo presente e na razão de precisar de sua ajuda.

De forma gradual, sentirá a presença de Miguel. É possível que seja impressão, mas você pode ter uma imagem nítida do arcanjo em sua mente. Você pode experimentar uma sensação de conforto ou receptividade. Poderá sentir em cada fibra de seu ser que Miguel está com você.

Sabendo disso, agradeça ao anjo e faça seu pedido.

## Ritual de Clariaudiência

Clariaudiência é a habilidade de ouvir coisas por meio de vidência. Algumas pessoas são capazes de fazê-lo naturalmente, mas qualquer um pode aprender a praticar esse fenômeno. Se possuir uma concha do mar, você pode tentar, segurando-a no seu ouvido e escutando os sons do oceano. Logicamente, não é o que se ouve na verdade, porém ela age como uma tela audível que lida com sua audição psíquica da mesma maneira que a bola de cristal lida com a visão psíquica.

Com a clariaudiência, os pensamentos irão aparecer em sua mente. À primeira vista, você pode duvidar das mensagens recebidas. Afinal de contas, nossas mentes estão ocupadas em dar mensagens o dia inteiro. Como podemos determinar quais mensagens são psíquicas e quais são os nossos próprios pensamentos? Um método de desenvolver esse talento é imaginar que está conversando com alguém de sua mais profunda admiração. Faça para essa pessoa uma pergunta e pense na resposta. Repita-a diversas vezes. Estando pronto, faça outra pergunta, mas não tente responder. Espere e veja o que vem à sua mente. Você achará que sua habilidade e proficiência em clariaudiência se desenvolverão mais quando parar de analisá-la e simplesmente deixar que aconteça.

Sente-se em uma cadeira confortável, com papel e caneta na mão. Será de grande ajuda usar lápis-lazúli, pois esse cristal aumenta as habilidades clariaudientes. Feche os olhos. Respire fundo várias vezes para relaxar o corpo e a mente. Visualize-se cercado por uma luz branca pura e peça para Miguel ficar com você. Pode pedir em voz alta ou pela mente. Fiz esse exercício em uma sala com outras pessoas, mas elas não tinham ideia de que eu estava me conectando com Miguel. Obviamente, nesse caso, eu não disse nada em voz alta.

Quando Miguel estiver com você, pergunte o que quiser. As respostas dele aparecerão em sua mente. Não as avalie ou pense nelas de jeito nenhum. Uma boa ideia é anotá-las em um papel para que possa pensar a respeito mais tarde.

Ao terminar de fazer perguntas, agradeça a Miguel pela ajuda e apoio. Passe alguns segundos concentrando-se em sua respiração. Fique ciente do que está ao seu redor e depois abra os olhos. Espere um ou dois minutos antes de ler as respostas que escreveu.

## Ritual de Escrever Carta

Este método é semelhante ao ritual da clariaudiência. Comece escrevendo uma carta para Miguel. Escreva como se o fizesse para seu melhor amigo. Na verdade, é o que Miguel é. Afinal de contas, Miguel ama você e está preparado para ajudar de qualquer jeito. Conte a ele o que acontece na sua vida. Fale o quanto achar necessário sobre suas experiências. Isso significa principalmente o esclarecimento de tudo em sua própria mente e é uma parte importante do ritual. Diga a Miguel a respeito de suas esperanças e sonhos e também das pessoas essenciais na sua vida. Quando estiver pronto, faça o pedido. Assine a carta e coloque no envelope. Sele e endereçe ao Arcanjo Miguel.

Caso seja viável, espere até o dia seguinte antes de prosseguir com o ritual. Você pode continuar de imediato se o caso for urgente, mas é sempre melhor deixar que algumas horas passem entre a escrita e o envio da carta a Miguel.

Assegure-se de que não será interrompido. Sente-se de maneira confortável em frente do seu altar, acenda uma vela (se quiser), feche os olhos e sinta-se envolvido com uma luz branca. Quando estiver pronto, peça para Miguel ficar junto de você. Quando estiver a presença dele, abra o envelope e leia a carta em voz alta. Quando terminar, dobre-a de novo e recoloque no envelope. Fique tranquilo espere pela resposta de Miguel.

A resposta pode vir de várias maneiras. É comum que Miguel envie uma mensagem a você por clariaudiência, ou você pode ter a imagem de uma carta chegando em sua mente. No olho da sua mente, visualize-se recebendo, abrindo e lendo-a. Outra possibilidade é de que você saiba que tudo dará certo. Embora não receba uma resposta específica nessa situação, você sentirá uma certeza em todo o ser de que Miguel está agindo em seu nome para resolver a situação. Abra os olhos. Fique confiante que o caso está sendo atendido.

Pode ser que você não sinta nada imediatamente. Caso isso ocorra, sente-se de modo confortável por alguns minutos, tome consciência aos poucos, do que está ao seu redor e abra os olhos. Continue tocando o seu dia. Confie que Miguel dará um retorno quando estiver pronto. Nessas ocasiões, você pode achar que a situação se resolverá por si só sem a necessidade da resposta do arcanjo. Ele terá cuidado da situação e criado um resultado satisfatório para todos.

## Rezando para Miguel

De certo modo, todas as meditações neste capítulo são uma forma de oração. Assim que alguém faz um esforço de consciência para ter contato com as forças divinas, ele ou ela está rezando. Rezar é um método extremamente eficaz de comunicação espiritual que data às épocas pré-históricas. Talvez tenha começado quando as pessoas começaram a falar com os poderes da natureza em um esforço para controlar ou pelo menos negociar com eles.

Durante minha infância, disseram-me que se eu rezasse, eu chamaria a atenção de meu anjo. Não me lembro de ter perguntado isso e talvez admiti que era meu anjo da guarda. Sempre achei confortante acreditar que ele me ajudaria toda vez que pedisse ajuda por meio de oração.

Você pode enviar uma oração a Miguel no momento que quiser. Não precisa ajoelhar-se ao lado da sua cama com as mãos juntas. Pode rezar enquanto dirige, toma uma ducha, come ou faz algo. Oração é uma comunicação e pode ser feita a qualquer hora.

Você pode rezar de modo silencioso ou em voz alta. Prefiro rezar em voz alta, pois parece acrescentar força às minhas orações, mas é claro que haverá ocasiões em que isso não será possível. Minha vizinha reza pelo bem-estar de seus filhos todas as manhãs logo que os deixa na escola. Como outros pais estão lá, ela o faz em silêncio.

Você pode começar sua oração com algo familiar, como o Pai-Nosso. No entanto, isso não é essencial. A escolha das palavras fica à sua total escolha. Fale com o coração e as palavras adequadas virão.

Muitas pessoas acreditam que Miguel seja o autor do Salmo 85 e o recitam para invocá-lo.[49] Depois de declarar o último verso ("A justiça irá adiante dele; e nos porá no caminho das suas

---

49. Migene González-Wippler, *Return of the Angels*. St. Paul, MN: Llewellyn Publications, 1999, 257.

pegadas"), respire fundo, segure a respiração por alguns segundos e depois a solte devagar. Espere até sentir que Miguel está com você.

Existem dois fatores-chave sobre oração que são contemplados com frequência. Feita a oração, você tem de deixá-la por conta da manifestação do universo. É por isso que muitas orações terminam com "seja feita a Tua vontade". Isso mostra que o universo conhece mais a respeito do que é melhor para nós do que nós mesmos.

O outro aspecto é a gratidão. Assim que receber algo que tenha pedido, deve agradecer. Sempre agradeça a alguém que fez algo gentil ou generoso por você. Deve agradecer a Miguel e ao universo da mesma forma.

## Caminhando com Miguel

Gosto de andar e sempre consigo caminhar por uma hora na maioria dos dias. Isso me mantém longe do telefone e de outras distrações e permite que eu pense em várias coisas, enquanto, ao mesmo tempo, beneficio-me com exercício.

Minha primeira experiência de caminhar com Miguel não foi planejada. Estava ocupado durante o dia, então saí para andar tarde da noite antes de dormir.

Após ter andado por cerca de vinte minutos, uma mensagem apareceu em minha mente, sugerindo que eu atravessasse a rua e fizesse um caminho diferente para casa. Não era o que pretendia fazer, mas aprendi a prestar atenção a mensagens intuitivas que chegam, aparentemente do nada.

Atravessei a rua e, na esquina, virei à direita. Quando fiz isso, senti que alguém andava ao meu lado. Não pude ver ou ouvir algo, mas sabia de imediato que Miguel caminhava pela rua comigo. Ele me protegia e orientava.

Agradeci a Miguel mentalmente e desfrutamos de uma agradável conversa psíquica em todo o caminho para casa. Miguel me deixou na frente do portão de casa e entrei pensando no que tinha acontecido.

No dia seguinte, ouvi que dois grupos de jovens tinham brigado na área onde eu andava. Se Miguel não tivesse sugerido outro caminho, eu teria passado por ali.

Poucos dias depois, andava outra vez à noite. Estava pensando em Miguel e no que fez por mim. Enviei mentalmente uma mensagem de apreciação e de agradecimento. Na mesma hora, senti sua presença de novo. Disse que estava grato por ele ter reaparecido. Miguel respondeu que gostou de caminhar comigo e disse foi bom conversar. Tive a impressão de lembrar daquela caminhada em que discutimos a respeito de alguns assuntos cármicos com os quais tentava lidar.

Desde então, apreciei várias caminhadas com Miguel e considero andar com ele uma das formas mais eficientes de meditação. Há muitas razões para tal. Você está distante de casa e de todas as distrações normais da vida cotidiana. Caminhar é uma forma de exercício suave e agradável que envia oxigênio para o cérebro e gera sentimentos de bem-estar e alegria. Você respira ar puro com novas e diferentes visões, sons e odores. Um mendigo bem conhecido na Nova Zelândia costumava dizer: "O mundo é a minha igreja e a vida é minha oração".[50] Passar o tempo fora de casa faz isso ser bem real para mim.

Meditação consiste em reflexão e em contemplação. Você não precisa sentar na posição de lótus para realizá-la. Acho que uma caminhada agradável, longe das distrações normais, torna a oportunidade perfeita para meditar.

Como você sabe, pode invocar Miguel na hora que quiser. No entanto, apreciar uma caminhada com ele transforma a experiência

---

50. Ken Ring, *Super Tramp*. Auckland, NZ: Milton Press, 1999, 251.

em uma conversa agradável e você será capaz de compreender muito mais do que poderia em um tipo de meditação padrão.

Ande rapidamente pelos primeiros cinco minutos e depois diminua a velocidade para passos mais regulares. Respire fundo e desfrute do ar fresco. Após alguns minutos, comece a pensar em Miguel. Mande-lhe pensamentos de amor e agradecimentos. Pense em situações em que ele foi capaz de lhe ajudar. Enquanto pensa nessa linha de raciocínio, talvez você perceba que Miguel está caminhando ao seu lado. Caso isso ocorra, mostre-se grato a ele mentalmente por estar com você e depois diga o que está em sua cabeça. Se Miguel não chegar enquanto você pensa nele, pare depois de alguns minutos e peça que ele lhe acompanhe.

Não há necessidade de se afligir se Miguel não aparecer na primeira vez em que você praticar meditação durante a caminhada. Continue andando e tente de novo mais tarde. É importante permanecer relaxado. Talvez fique decepcionado se estiver tenso e preocupado com o fato de que Miguel possa não ficar junto de você. A melhor atitude é aproveitar a caminhada e não se preocupar demais se Miguel escolher ficar junto de você ou não.

Tenha certeza de que Miguel sempre ficará junto de você se o assunto for urgente. (No entanto, o ritual de evocação é o melhor a ser usado quando se precisa de ajuda imediata).

## Comunicando-se com Miguel em seus Sonhos

No sonho, você está mais receptivo a mensagens angelicais do que quando está acordado. Isso porque talvez você não as perceba em meio a todas as distrações de um dia atarefado. É por isso que a meditação é uma boa maneira de ter contato com o reino angelical, pois você está deliberadamente relaxando seu corpo e aquietando sua mente.

Para contatar Miguel em seus sonhos, pense no que precisa enquanto está deitado à espera do sono. Peça para Miguel dar orientação e ajuda, e adormeça. Fique certo que, na maior parte das vezes, Miguel responderá quando você levantar de manhã. Com frequência, a resposta estará em sua mente logo que acordar. Em outras vezes, ela aparecerá em sua mente de modo inesperado durante o dia. Se a resposta não vier no mesmo dia confie que Miguel está lidando com o caso para você. Na noite seguinte e em todas as outras noites, repita o exercício na cama até que seu problema seja resolvido.

## Ritual de Evocação

Evocação é um pedido para alguém ou algo aparecer. Para as finalidades desta obra, é Miguel. Muitas vezes, evocação será tudo o que é pedido. Uma evocação é usada quando o assunto for urgente e você precisar evocar Miguel de imediato. Tomara que você nunca precise fazer este ritual de evocação, mas ele está incluído aqui como um complemento.

Se possível, volte-se para o leste. No entanto, como evocação é um pedido urgente, você pode não ter tempo para determinar qual é a direção do leste. Nesse caso, fique na direção onde você supõe ser o leste. Não fará diferença para a evocação se você estiver errado.

Fique com os braços ao longo do corpo e com a cabeça curvada. Feche os olhos e visualize-se cercado pelos quatro arcanjos. Imagine uma pura luz branca com poderes de cura vindo do céu e envolvendo você e os arcanjos. Respire fundo três vezes e vire noventa graus à direita. Agora, você está olhando Miguel. Abra os olhos e peça a ajuda dele.

Nos casos mais urgentes, você pode invocar Miguel em um segundo. Tudo o que precisa é dizer para si mesmo: "Miguel, preciso de você. Por favor, ajude-me".

## Lendo com Miguel

Se você for um leitor mediúnico, sentirá que a qualidade de suas leituras vai melhorar caso registre a ajuda de Miguel. Antes de começar a ler, imagine-se cercado por uma luz pura, branca e protetora. Segure instrumentos como bola de cristal, cartas de tarô, efemérides ou pêndulo nas mãos em forma de xícara ou deixe na sua frente esses instrumentos na mesa e também os imagine cercados pela luz branca.

Peça de maneira silenciosa para Miguel proteger você e a pessoa para quem você está lendo. Peça para que a verdade surja em uma atmosfera de bondade e amor com o intuito de todos se beneficiarem do conhecimento e do discernimento que virão como resultado da leitura. Quando a leitura terminar, lembre-se de agradecer a Miguel mais uma vez pela ajuda, conselho, conforto e proteção.

Tente todos esses métodos. Talvez você prefira um ou dois métodos a outros. Todos somos diferentes e os métodos que prefiro podem não ser os mesmos que você considere mais eficientes.

Agora que sabe como entrar em contato com Miguel quando quiser, é hora de aprender como pedir-lhe ajuda e auxílio para você e outras pessoas. Esse é o assunto do próximo capítulo.

# Capítulo 3

# Como Pedir Ajuda

*Miguel quer* e é capaz de ajudar de qualquer maneira que puder. Naturalmente, você não deve incomodá-lo com pequenos pedidos. Pode chamar seu anjo da guarda para estes pedidos.

Há três coisas que você deve considerar ao invocar Miguel:

1. Seus pedidos não devem prejudicar ninguém. É importante que sejam positivos e para o bem das pessoas envolvidas.
2. Você pode pedir que Miguel ajude outras pessoas. Sempre que possível, peça-lhes permissão primeiro. No entanto, talvez haverá oportunidades em que não poderá fazê-lo e terá de usar sua discrição.
3. Miguel está preparado para ajudar de qualquer maneira que puder. Contudo, pode não ser o anjo adequado para se invocar. Se seu pedido se relaciona com rompimento de relacionamento amoroso, por exemplo, poderia chamar Rafael, em vez de Miguel.

Miguel se refere, sobretudo, à proteção, verdade, integridade, coragem e força. Caso enfrente dificuldades em uma dessas áreas, ele é o anjo a ser invocado.

## Proteção

Você tem o direito de sentir-se seguro e confiante onde quer que possa estar. Infelizmente, como qualquer outra pessoa, viverá, às vezes, momentos de necessidade de proteção.

A lembrança que vem imediatamente à minha mente é de algo que ocorreu quase vinte anos atrás. Em uma noite de domingo, eu estava andando pela principal rua da cidade onde moro. Membros de uma igreja fundamentalista tinham um serviço na prefeitura e o seu encontro terminou na hora da minha caminhada. Alguns deles me reconheceram, pois apareci na televisão algumas noites antes falando acerca de assuntos psíquicos. Ficaram zangados quando me viram e me perseguiram pela rua. Levei um susto e fugi o mais rápido que pude. Eles eram mais rápidos na corrida e, por fim, pensei em invocar Miguel. Para minha surpresa, os homens pararam a perseguição na hora e retornaram para junto dos outros membros da congregação. Não tive dúvida em minha mente de que Miguel interrompeu a ação deles. Não demorou muito até perceber como era irônico chamar Miguel para me proteger de pessoas que declaravam ser boas cristãs.

Isso mostra que você pode invocar Miguel em uma emergência e receber ajuda imediata. Felizmente, foi a única vez que precisei fazê-lo. Caso aconteça de novo, chamarei Miguel com mais rapidez.

Miguel protegerá também de várias maneiras. Se estiver em um relacionamento abusivo, por exemplo, invoque Miguel para proteção emocional. Uma de minhas alunas contou aos colegas como tinha sofrido abuso sexual por parte do seu padrasto. Após vários anos convivendo com o fato, pediu proteção a Miguel. Ele não lhe deu apenas isto; deu-lhe também coragem e força para enfrentar seu padrasto.

Além disso, Miguel pode dar proteção psíquica. Caso esteja sendo submetido a um ataque psíquico, invoque a proteção de

Miguel. Outra aluna nos contou como foi atacada psiquicamente por um homem que queria seu trabalho.

— Ele sempre era agradável — lembrou ela — mas havia algo em seus olhos que me assustava. Pareciam olhar dentro do meu ser. Eu até sabia quando ele estava atrás de mim, pois seus olhos davam a impressão de me atravessar. Antes de conhecê-lo, não acreditava de fato que existisse algo como mau-olhado, mas ele com certeza me ensinou tudo a respeito. De qualquer forma, ele não era páreo para Miguel. Logo depois que invoquei o arcanjo, ele arrumou outro emprego. Depois, descobri, por intermédio de alguém que morou com ele, que ele tinha problemas com muitas pessoas e se envolvia em magia negra para vingar-se.

Naturalmente, você também pode invocar Miguel para proteção física. Há vários anos, eu me perdi em Niterói, uma cidade do outro lado da enseada do Rio de Janeiro. Eu estava na parte mais perigosa da cidade, preocupado em achar o caminho de volta para meu hotel, uma vez que eu não falava português. Invoquei Miguel para me proteger enquanto andava ao léu pelas ruas, até que encontrei um local que reconheci. Talvez eu estivesse ótimo sem a proteção de Miguel, mas fiquei mais feliz assim.

Conheço várias pessoas que invocaram a proteção de Miguel em situações semelhantes. Uma senhora que conheço voltava de viagem para casa à noite e seu carro quebrou em uma parte perigosa da cidade. Ela pediu a proteção de Miguel enquanto procurava um orelhão. Após esse incidente, e como resultado da experiência, ela foi a primeira pessoa que eu conheço a comprar um telefone celular.

Uma menina de treze anos de idade, filha de nossos amigos, ficou sozinha em casa à noite quando sua mãe foi levada ao hospital com apendicite. Ela invocou a proteção de Miguel e estava dormindo com tranquilidade em sua cama quando seu pai chegou. Ela só conseguiu dormir porque chamou o arcanjo.

Portanto, não importa qual é o tipo de proteção que necessita. Miguel está pronto e quer proteger você. Tudo o que você precisa fazer é pedir a ajuda dele. Pode realizar um ritual se tiver tempo. Essa é uma boa ideia caso peça proteção para você, sua família, pessoas amadas, comunidade, país ou até para o mundo.

Não deixe ninguém lhe dizer que uma pessoa não pode fazer a diferença. Suas sessões regulares com Miguel terão efeito. Aliás raramente digo a alguém de fora da minha família de sangue o que faço no meu lugar sagrado. Muitas pessoas não entenderiam ou interpretariam mal minhas razões para pedir proteção para as pessoas especiais em minha vida. Acho melhor conduzir meus rituais enquanto e quando sinto que são necessários, sem contar a ninguém.

Não há maneira certa ou errada de pedir a proteção para Miguel. Com frequência, eu o faço perto do início do ritual, assim que o arcanjo chega. Primeiro, peço proteção para mim. Eu me visualizo cercado por uma pura luz branca como se ficasse debaixo de um enorme refletor em um palco. Depois, peço proteção para meus amigos e minha família, e imagino a luz branca espalhando-se para envolvê-los. Quando eu sinto que certas pessoas precisam de proteção extra, especifico o nome delas. Depois disso, peço proteção para meus colegas de trabalho. Continuo a pedir proteção para minha comunidade, meu país e o mundo. À medida que penso em cada grupo de pessoas, visualizo o círculo da luz branca expandindo-se para acomodá-las. Feito isso, conservo a imagem da luz branca em minha mente pelo maior tempo possível. Agradeço de coração a Miguel pela vontade de proteger a todos que estimo. Termino sempre o ritual nesse ponto. No entanto, se existem outros assuntos que quero discutir com Miguel, me asseguro de que serão tratados antes de finalizar o ritual.

Naturalmente você não pode pedir proteção dessa maneira em um momento de crise. Em casos desse tipo, diga: "Miguel preciso de você agora. Ajude-me!" Isso funciona mesmo se você não tiver tido contato com Miguel no passado. Entretanto, é muito mais fácil fazê-lo e, mais provável que dê certo, caso você esteja em comunicação constante com ele.

## Proteção Imediata e Duradoura

Um método tradicional de obter proteção imediata, geral e duradoura de Miguel é queimar maçã vermelha e folhas de louro em fogo aberto. Após olhar as chamas por um ou dois minutos, leia o salmo 85 em voz alta. Coloque as cinzas em uma pequena bolsa vermelha e carregue-as com você até que o perigo imediato termine. Depois, em uma noite de terça-feira quando a lua estiver ficando cheia (crescendo), espalhe as cinzas em volta da parte externa de sua casa.

## Força e Coragem

Miguel também quer dar toda a coragem que você precisa para encarar qualquer obstáculo ou desafio. Não importa você tipo de situação você se encontre, Miguel fornecerá coragem e força necessárias a fim de lidar com ela.

Há vários anos, uma antiga cliente minha estava em uma difícil situação no trabalho. Seu chefe intimidava todos e não hesitava em gritar com os funcionários se não eles fizessem o que ele queria. Naturalmente, isso criou um ambiente de trabalho bem estressante.

Natalie começou a procurar um trabalho mais agradável, mas depois decidiu enfrentar seu chefe porque o cargo tinha boas perspectivas e ela estava aprendendo muito. Por vários dias, ela conduziu um ritual em que pediu a Miguel coragem suficiente para enfrentar seu chefe. Quase conversou com ele sobre sua maneira agressiva e arrogante em algumas ocasiões, mas o medo a fez recuar.

Por fim, ela sentiu-se pronta. Pediu proteção a Miguel e foi até a sala de seu chefe. Sentou-se e falou para ele tudo o que estava em sua mente. Disse que todos odiavam suas táticas de ameaças, voz alta, agressividade e intimidação. Seu chefe ficou surpreso. Ninguém havia comentado isso com ele antes. Natalie pensou que ele ficaria zangado e chegou a cogitar que seria demitida no fim da conversa. Ao invés disso, depois de escutá-la por alguns minutos em silêncio, lágrimas escorreram de seus olhos e ele se desculpou pelo seu comportamento. Pediu a ela que o ajudasse a superar suas falhas e a se tornar um melhor supervisor. Não foi fácil, mas, com a ajuda de Natalie, ele começou a comportar-se, aos poucos, como um ser humano normal e deu-lhe uma ótima carta de recomendação quando Natalie saiu de sua empresa para iniciar seu próprio negócio.

Ela atribui a Miguel a mudança de seu chefe.

— Se Miguel não tivesse me dado a coragem que precisava para enfrentar meu chefe, ele nunca teria mudado. E eu mudei também. Depois daquela experiência, não deixei ninguém me humilhar de novo, pois sei que Miguel está ali para ajudar.

Aconselhei muitas pessoas com o passar dos anos. Alguns anos atrás, um ex-pastor que perdeu a fé veio me ver. Deixou sua paróquia, mudou-se para outra cidade e começou a vender seguros de vida. Fracassou nessa atividade e em todas as outras tentativas de trabalho. Decaiu ainda mais quando sua esposa partiu com o amante, na mesma época em que o banco executou sua hipoteca. Ele se desesperou tanto que ficou à beira do suicídio.

Em uma de nossas sessões, falei a respeito dos arcanjos. Ele me contou que, apesar da falta de fé, sentiu às vezes a presença de anjos e achou que eles o protegiam. Isso me deu a abertura que eu precisava. Sugeri que invocasse Miguel e pedisse a coragem e a força necessárias para ajudá-lo a superar seus problemas e recomeçar sua vida.

No fundo, duvidei que ele faria isso. No entanto, uma semana depois, ele voltou para o encontro com a aparência melhor e mais asseada do que nos encontros anteriores. Ainda denotava depressão, mas obviamente apresentou muito progresso desde quando eu o havia visto pela última vez. Com a ajuda de Miguel, ele passou a evoluir. Na última vez que o vi, estava em um novo relacionamento, readquirira sua fé e estava trabalhando com adolescentes problemáticos. Nada disso teria acontecido se ele não tivesse invocado Miguel para dar a coragem e a força que necessitava.

Meu velho amigo de escola sempre foi importunado pelos colegas. Era desajeitado, bem tímido e sem porte atlético. Nos seus vinte anos, fez vários cursos para fortalecer sua autoestima, porém com pouco sucesso. A maior mudança em sua vida ocorreu por volta dos seus trinta anos. Encontrou uma moça que o atraiu, mas era muito tímido para chamá-la para sair. Com ele, conduzi um ritual, invocando Miguel. Pedi ao arcanjo confiança, força e coragem para que ele marcasse um encontro com ela. Ter uma namorada pela primeira vez proporcionou maravilhas à sua autoestima. Ao descobrir que poderia invocar Miguel quando fosse necessário, começou a animar-se cada vez mais e hoje não existem mais traços da timidez e da introversão que o retraíram por tanto tempo.

Com o decorrer dos anos, aconselhei muitas pessoas com problemas de vício. Em muitos casos, pedir a Miguel força e coragem para vencer essas dificuldades fez a diferença entre o sucesso e o fracasso.

Miguel pode também ajudar pessoas com problemas de relacionamento amoroso. Às vezes, aconselhará o casal a ficar junto e a lidar com as dificuldades. No entanto, ele também encoraja o casal a desistir do relacionamento, se for a melhor solução.

Luanne é uma mulher atraente, de trinta anos. Enquanto ainda era adolescente, encontrou um rapaz da mesma idade e, em dois anos, eles se casaram. Duas crianças vieram rapidamente. Seu marido tinha poucas habilidades e a família vivia em condições precárias, com baixos salários. Ele começou a beber demais e a culpar a todos pelos seus problemas. Isso foi demais para Luanne e ela partiu com as crianças. Seu marido suplicou para voltarem para casa e elas aceitaram, ainda que de maneira relutante. Tudo esteve bem por poucos meses mas depois o ciclo se iniciou de novo. Luanne o deixou e retornou várias vezes antes de pedir a Miguel força para se afastar de modo definitivo. Ele se recusou aceitar o término do relacionamento e ameaçou matá-la, às crianças e a si próprio. Felizmente, Miguel deu força para Luanne apoiar as crianças e ela mesma. Ela se recusou a voltar para casa e, por fim, quando já era tarde, seu marido percebeu o que tinha feito.

Enquanto escrevia este capítulo, encontrei um homem que pediu a ajuda de Miguel em uma entrevista de emprego. Milliard ficava nervosíssimo antes de entrevistas e esse fracasso já lhe custou algumas oportunidades de trabalho interessantes. Ele estava determinado a não deixar que isso voltasse a acontecer. Então, pediu a Miguel a coragem e a força necessárias para lidar bem com a entrevista. Funcionou até melhor do que esperava e Milliard agora está gostando bastante de seu novo trabalho, embora esteja intrigado por não ter pedido a ajuda de Miguel antes.

Você pode pedir a Miguel coragem e força a hora que precisar. Naturalmente, é melhor pedir ajuda antes, mas podem haver ocasiões em que você necessite de auxílio imediato.

Tive uma situação como essa quando um cachorro saiu de uma estrada e apareceu na direção de meu carro. Diminuí a velocidade, mas ele desapareceu de vista e pensei que o tivesse atropelado. Saí e encontrei o cachorro preso embaixo do carro ganindo de modo comovente. Pedi força a Miguel e depois levantei meu carro de lado para que o cachorro pudesse sair. Ele fugiu, aparentemente sem ferimentos. Ouvi falar de situações em que as pessoas obtiveram muito mais força do que acreditavam ser possível, mas essa foi a única vez que vivenciei isso. Eu tenho problema de coluna, entretanto não senti nada ao erguer o carro. É surpreendente o que pode ser feito com proteção e ajuda angelicais.

Nas horas especiais em seu lugar sagrado, peça a Miguel força e coragem. Faça-o mesmo que não tenha necessidade específica e imediata. Peça-lhe força e coragem para dar apoio quando necessário e ser capaz de defender o que é certo e bom. Esses sentimentos de coragem farão parte de sua natureza e você se sentirá mais poderoso e controlado em todo tipo de situação.

## Honestidade e Integridade

Ser verdadeiro consigo mesmo é parte importante para levar uma vida feliz e vantajosa. Em qualquer momento em que você compromete sua integridade ou é menos honesto, você se engana e não revela sua própria natureza. Felizmente, Miguel pode ajudar com esses desafios que afetam a todos.

Uma parente minha tanto temia confronto que sempre concordava com outras pessoas, não importando quais fossem seus verdadeiros sentimentos acerca do assunto. Como resultado disso, sua autoestima era quase inexistente e ela sentia-se mal o tempo todo. Felizmente ela aprendeu que com a ajuda de Miguel, poderia expressar seus verdadeiros sentimentos.

A primeira vez que teve coragem suficiente para se defender foi quando seu marido fez um comentário a respeito de política durante o jantar. Normalmente, ela não diria nada, porém, naquela ocasião, discordou e, de forma tranquila, justificou seu ponto de vista. Seu marido ridicularizou o que ela disse. No passado, ela teria se retratado para evitar briga, mas naquele momento se defendeu e deu um argumento convincente para sua posição. Ele ficou tão surpreso que permaneceu em silêncio durante o resto do jantar. A partir desse pequeno começo, ela ganhou confiança e passou a defender-se em situações que teria evitado no passado. Com o auxílio de Miguel, sua vida foi transformada aos poucos.

Ao sair da escola, trabalhei como representante de vendas por alguns anos. Um dos representantes, que chamarei de Don, contou-me um problema que o preocupou durante algum tempo. Quando ele assumiu sua área de atuação, seu antecessor o apresentou para todos os clientes. Em um hotel onde se hospedaram, a conta apresentou valor a mais do que eles realmente haviam pagado (isso aconteceu trinta e cinco anos atrás e a cobrança de dólares a mais configurava uma quantidade de dinheiro considerável). Don soube que o fato vinha acontecendo no decorrer dos anos e era uma prática comum. Quando ele apresentasse a conta de seus gastos, seria compensado e embolsaria o dinheiro extra. Durante as primeiras poucas viagens em torno de sua área de atuação, submeteu a fatura de suas despesas com sentimento de culpa, mas não tinha certeza do que fazer. Se contasse aos seus superiores, ele e todos os seus antecessores teriam problemas. Don relatou esse caso enquanto bebia e perguntou o que deveria fazer.

— Quem sai em prejuízo? — perguntei.

— A empresa para a qual trabalhamos — respondeu Don.

— Sim — concordei. — O que você faz é moralmente e legalmente errado, pois está roubando das pessoas que pagam você. Mas, diga-me a, quem você prejudica ainda mais?

Demorou trinta segundos para Don responder.

— A mim. — disse ele — Eu me envergonho o tempo todo. Sempre fui honesto e, agora, de repente, sinto-me imoral.

Engoliu rapidamente a bebida e apertou minha mão.

— Obrigado — disse Don. — Sei o que fazer.

No dia seguinte, Don foi encontrar-se com o contador da empresa com uma carta de retratação e um cheque do dinheiro extra que recebeu. Esperava ser demitido, mas a empresa apreciou sua honestidade e, poucos meses depois, foi promovido.

O motivo de narrar essa história se deve ao que aconteceu poucos dias depois de Don ter encarado o problema. Ele me disse que viu um anjo enquanto caminhava até o portão de sua casa. O anjo tinha aproximadamente dois metros e setenta centímetros de altura e estava vestido de branco. Abaixou a cabeça para Don e desapareceu. Don interpretou o fato como um sinal de perdão. Na época, nenhum de nós sabia o suficiente a respeito de anjos para arriscar um palpite com relação a quem pudesse ser. Agora acho que deve ter sido Miguel.

Expus o caso em minha recente palestra e uma jovem contou-me algo semelhante acontecido a ela. Quando cursava o ensino médio, viu uma de suas colegas furtando uma loja. Por não fazer nada a esse respeito, sentiu-se como autora do crime. Abordou a garota envolvida, que a ameaçou com todos os tipos de consequências terríveis caso a denunciasse. Ao ir para o ônibus escolar naquela tarde, a jovem enxergou um anjo enorme que estava do lado da porta do veículo. Nenhuma das outras crianças pareceu notá-lo e ele a olhou por alguns segundos antes de desaparecer. Até então, ela não sabia o que fazer. Entretanto, tomou o anjo como um sinal de que tinha de ser honesta e falar a verdade. Disse à garota que roubou os produtos para devolvê-los à loja. A garota a ameaçou de novo, mas, dessa vez, a jovem sentiu a presença do anjo e não desistiu. A garota deu os produtos de volta à loja.

Um outro relato envolve uma mulher que descobriu o romance de seu marido. Ela não sabia como lidar com a situação e pediu a ajuda de Miguel. Durante uma longa conversa com o arcanjo, deu-se conta do amor pelo esposo e não queria o fim de seu casamento por causa da aventura. Percebeu que as coisas nunca seriam como antes, porém estava preparada para fazer sua parte a fim de assegurar a união entre eles. Pediu que Miguel se comunicasse com seu marido. Poucos dias depois, ele terminou a relação com a amante. Aparentemente, nunca ficou ciente da intercessão de Miguel. Sentiu de repente uma extrema culpa quanto ao que fazia escondido de sua esposa. Ele confessou o fato e agora o casal está se esforçando para melhorar seu relacionamento.

Nesse caso, Miguel, o arcanjo da verdade e da integridade, incentivou com discrição o marido a ser honesto e fiel. Miguel pode ajudar em todos os tipos de situações que envolvam verdade, honestidade e integridade. Tudo o que você precisa fazer é pedir o auxílio dele.

Todos nós enfrentamos, às vezes, a tentação. Quando isso ocorrer, vale a pena parar e pedir a ajuda de Miguel. Em seus rituais e durante o tempo em que você passa em seu lugar sagrado, peça a ajuda de Miguel para protegê-lo da tentação e para tomar as decisões corretas. Ele sempre ajudará a proteger sua integridade e honestidade em qualquer circunstância.

Em qualquer ocasião, se o que está planejando fazer lhe parecer antiético ou desonesto, pare e peça o esclarecimento a Miguel. É claro que, na maioria das vezes, a resposta será óbvia e você não precisará consultar o arcanjo. No entanto, se sofre tentação de realizar seu plano mesmo assim, pare por um instante e pergunte a Miguel. Ele dará conselho e recomendação necessários.

Miguel está sempre preparado para ajudar quando você precisa dele. Tudo o que necessita fazer é pedir. Depois de vivenciar os benefícios de sua sabedoria e discernimento, talvez irá querer comunicar-se com Miguel todos os dias. Discutiremos no capítulo seguinte como e quando fazê-lo.

## Capítulo 4

# Como ter Contato com Miguel Todos os Dias

*Uma vez que comece* a comunicar-se com Miguel, você se perguntará como conseguia viver sem sua ajuda e proteção. No entanto, não deve invocá-lo cada vez que sofre um pequeno problema ou dificuldade na vida cotidiana. Na maior parte das vezes, você será capaz de resolver seu problema por si próprio ou com o auxílio da família e dos amigos. Deve invocar a ajuda de Miguel apenas quando o problema for difícil e bem amplo de se lidar.

Mesmo assim, você se beneficiará imensamente de ter uma breve sessão com Miguel todos os dias. Achará a vida cotidiana muito mais fácil ao fazê-lo. Muitas pessoas invocam orientação divina somente em momentos de dificuldade. Na prática, é melhor torná-la uma parte constante de sua vida, pois cada contato fortalece bastante a ligação espiritual.

Essa sessão vai ajudar a esclarecer situações diferentes em sua vida, saber para onde você está indo e oferecer a oportunidade de agradecer a Miguel pelo carinho e proteção. A cada meditação, você ficará até mais perto do arcanjo. Uma aluna contou-me que se sentia envolvida no manto de Miguel toda vez que fazia esta meditação.

## A Meditação de Miguel

Se for viável, faça esta meditação por volta do mesmo horário todos os dias. Talvez prefira meditar deitado na cama à noite ou deitado no chão em frente de seu altar. Nos meses de verão, gosto de meditar fora de casa, do lado da minha árvore do oráculo. Não faz diferença onde ou quando você realiza esta meditação.

O ideal é que você esteja em um estado mental de tranquilidade e de reflexão. Levo trinta minutos para caminhar até minha árvore do oráculo e eu mesmo acho esse tempo extremamente benéfico na preparação para ter contato com Miguel. Na verdade, mesmo se eu for contatar Miguel dentro de casa, antes sempre caminho, pois isso restaura minha alma e ajuda-me a esquecer todos os problemas da vida cotidiana.

Sinta-se o mais confortável possível e respire fundo várias vezes, segurando cada respiração por alguns segundos antes de soltá-la. Deixe uma onda de relaxamento fluir cada vez que soltar a respiração.

Vasculhe seu corpo mentalmente para saber se você está relaxado por completo. Relaxe conscientemente as partes do corpo ainda tensas. Tendo total relaxamento, visualize-se em volta da pura luz branca. Banhe-se na energia com poderes de cura dessa luz divina.

Agora, é hora de invocar Miguel. Diga de modo silencioso ou em voz alta para si mesmo: "Arcanjo Miguel, meu guia e protetor, obrigado por ajudar-me a levar uma vida agradável, honesta e que valha a pena. Aprecio todos os seus esforços em meu nome. Por favor, continue a caminhar comigo e, por favor, ajude-me, proteja-me e fortaleça-me todos os dias de minha vida".

Pare e espere pela resposta. Palavras podem aparecer em sua mente ou você talvez sinta uma sensação de confiança e conforto. Você pode até sentir-se envolvido nas asas do arcanjo. As pessoas vivenciam Miguel de maneiras diferentes e a resposta que você recebe tende a variar de vez em quando. Se estiver depressivo, por exemplo, pode ouvir palavras nítidas de conforto e de apoio. No entanto, se tudo segue bem em sua vida, pode simplesmente saber que Miguel está com você.

Visto que Miguel responde, agradeça-lhe outra vez. É o momento de pedir orientação, proteção ou qualquer outra forma de ajuda. Você pode, por exemplo, pedir que ele caminhe ao seu lado se estiver prestes a enfrentar uma dificuldade ou situação estressante. Feito o pedido, ofereça agradecimentos de novo.

Sente-se ou deite-se de maneira tranquila por um ou dois minutos, depois respire fundo três vezes e abra os olhos. Será capaz de tocar seu dia sentindo-se revigorado e revitalizado, e com a certeza de que Miguel continua a cuidar de você.

Todas as pessoas com as quais falei a respeito de uma comunicação diária com Miguel dizem que a parte mais importante é a consciência de que Miguel sempre está por perto. Com essa certeza em seus corações, sentem que podem resistir a qualquer dificuldade que a vida possa colocar em seu caminho.

Uma comunhão diária com Miguel reforça isso. O ritual pode levar apenas cinco minutos desde o início até o término, mas dará o aumento da esperança de vida, conforto e apoio. Demonstra também que não é necessário ser uma pessoa digna ou sagrada para desfrutar da ajuda de um arcanjo. Miguel está preparado para ajudar em qualquer momento. Não importa o que você tenha feito no passado.

## Conversa com Miguel

Aos dezessete anos, li o clássico de Napoleon Hill, *Think and Grow Rich*, pela primeira vez. Naquela obra, o autor explicou como teve conversas imaginárias comuns com nove pessoas que o impressionaram muito. Deitava na cama à noite e imaginava-se sentando na ponta de uma mesa com as pessoas que admirava em particular. Durante meses, essas pessoas tornavam-se cada vez mais reais para ele e davam-lhe excelentes conselhos. Tentei fazer o mesmo e achei que funcionou extremamente bem. Na época, meu principal interesse era música e eu desfrutava de muitos encontros com compositores famosos.

Um dia, veio-me à mente que, se funcionou tão bem com pessoas famosas da história, deveria ser a mesma coisa com os membros do reino angelical. Comecei a ter conversas constantes com meu anjo da guarda. Em uma noite, iniciei esse ritual com muitos problemas em minha mente. Pedi ao meu anjo da guarda para convidar um arcanjo para ficar conosco, pois senti que ele seria capaz de oferecer mais discernimentos para minhas dificuldades. Imediatamente, Miguel apareceu, e, daquele momento em diante, apreciei com ele muitas conversas de longa duração.

Falo com muitas pessoas há anos a respeito dessas conversas e a resposta habitual é que as comunicações não são reais e são somente um produto de minha fantasia. Definitivamente, isso foi verdade no início. Fechei os olhos e imaginei-me conversando com Miguel. No entanto, durante um tempo, essas conversas vieram a ser tão reais e importantes para mim que tive de determinar se eram legítimas ou não. Estava seguro de que eram, já que fui capaz de sentir a presença de Miguel todas as vezes.

Então, fiz perguntas a Miguel acerca de assuntos que não sabia, com a intenção de verificá-los mais tarde. Miguel achou isso divertido e perguntou por que eu precisava de confirmações.

— Certamente, o fato de que estamos conversando é o suficiente — disse Miguel.

Fui obrigado a concordar e não insisti mais no assunto. Mas, na manhã seguinte, encontrei uma pequena pluma branca ao lado da minha cama.

Por conseguinte, embora acredite que as conversas sejam reais, não posso prová-las. Na verdade, isso não importa, visto que eu as considero uma maneira útil e agradabilíssima de discernir os problemas difíceis de sanar de qualquer outra maneira.

Há quatro etapas para apreciar uma conversa com Miguel:

1. Reserve pelo menos trinta minutos em que não será incomodado. Converso com Miguel enquanto estou deitado à noite na cama. No entanto, você pode falar com ele a hora que quiser. Mantenha-se confortável e verifique se o quarto está quente.
2. Feche os olhos e respire fundo várias vezes. Imagine uma cena agradável em sua mente. Pode ser real ou imaginária. Sempre mudo as cenas, mas escolho frequentemente um prado agradável com um rio que o atravessa. Na minha imaginação, ando pelo prado e fico debaixo de uma árvore, próximo à margem do rio.
3. Relaxe em sua cena e visualize Miguel ficando junto de você. Vocês se cumprimentam como se fossem velhos amigos e ele se senta ao seu lado. O arcanjo pergunta como você está. Depois, você se abre e conta tudo que está em sua mente. Miguel escuta com paciência, abaixando sua cabeça ou sorrindo de vez em quando. Assim que você terminar, ele pode fazer uma ou duas perguntas antes que sugira algumas coisas. Você pode continuar a conversar até que ele dê soluções ou orientações para todos os seus problemas.
4. Ao finalizar a conversa, você dá as mãos para Miguel e agradece pela ajuda e amizade. Veja-o partir. Depois, saia de sua cena imaginária e retorne ao presente. Respire fundo algumas vezes e abra os olhos.

Você vai achar esse exercício benéfico e estimulante. Ele permite criar um relacionamento bem próximo com Miguel. De fato, é um papo sério entre dois amigos. No decorrer da conversa, o senso de humor e a personalidade de Miguel aparecerão de forma muito evidente e você dará risadas quando se lembrar de algumas coisas que ele disse e fez durante essas sessões. É claro, o mais importante é que achará que a ajuda e o conselho recebidos serão inestimáveis.

Não há razão para não conversar com Miguel todos os dias, caso queira. Eu poderia falar com ele todos os dias por uma ou duas semanas e depois não fazê-lo por um mês. Tudo depende do que esteja acontecendo em minha vida.

Existem vários outros métodos tradicionais usados para contatar anjos e arcanjos. Um método que julgo útil é a nobre arte da queima de velas.

# Capítulo 5

# O Poder Mágico das Velas

*A queima de velas* é uma arte antiga que resistiu à prova do tempo. Velas são atrativas, focam a mente e ajudam na concentração. As velas são românticas, vívidas, coloridas e confortáveis. Não surpreende o fato de que ainda sejam populares, mesmo quando muitas pessoas hoje em dia somente ligam o interruptor para admirar a luz. Outro grande benefício das velas é contar aos anjos que você está pronto para lidar com eles.

Uma vela acesa envia uma mensagem imediata a Miguel, Rafael, Gabriel e Uriel. Uma vela apagada representa o elemento terra, mas, quando acesa, simboliza os quatro elementos: fogo (Miguel), terra (Uriel), ar (Rafael) e água (Gabriel). A chama refere-se obviamente ao elemento fogo e a fumaça, ao elemento ar. A cera derretida simboliza a água. A própria vela representa a terra.

Então, os arcanjos também se referem às quatro triplicidades da astrologia:

Áries, Leão e Sagitário são sinais do Fogo (Miguel).
Touro, Virgem e Capricórnio são sinais da Terra (Uriel).
Gêmeos, Libra e Aquário são sinais do Ar (Rafael).
Câncer, Escorpião e Peixes são sinais da Água (Gabriel).

As quatro triplicidades e os quatro elementos estão bem ligados aos Querubins na visão de Ezequiel (Ezequiel 1:4-28). Ezequiel viu quatro criaturas vivas. Cada uma tinha quatro rostos:

o rosto de um homem, de um leão, de um boi e de uma águia. O fato pode ser analisado desta maneira:

O rosto de um homem refere-se a Aquário e ao Ar.

O rosto de um leão refere-se a Leão e ao Fogo.

O rosto de um boi (búfalo) refere-se a Touro e à Terra.

O rosto de uma águia refere-se a Escorpião e à Água.

Como já sabemos, os quatro arcanjos também cuidam dos quatro pontos cardeais. Combinando tudo e adicionando as cores tradicionais para cada signo do zodíaco, temos:

Áries — Fogo, Sul, Miguel, vermelho, carmesim.

Touro — Terra, Norte, Uriel, verde.

Gêmeos — Ar, Leste, Rafael, amarelo, marrom.

Câncer — Água, Oeste, Gabriel, prata, branco.

Leão — Fogo, Sul, Miguel, ouro, amarelo.

Virgem — Terra, Norte, Uriel, marrom.

Libra — Ar, Leste, Rafael, azul, verde.

Escorpião — Água, Oeste, Gabriel, vermelho-escuro.

Sagitário — Fogo, Sul, Miguel, roxo.

Capricórnio — Terra, Norte, Uriel, preto.

Aquário — Ar, Leste, Rafael, azul, cinza.

Peixes — Água, Oeste, Gabriel, violeta, azul.

De maneira tradicional, Miguel refere-se a Leão e à cor ouro. Portanto, uma vela dourada pode ser usada para simbolizá-lo. Você pode queimá-la em seu altar a hora que quiser. Na verdade, você não está limitado a seu altar, pois pode queimar velas douradas em qualquer lugar.

Além disso, pode escolher uma vela referente a seu signo do zodíaco para simbolizar você. Se for, por exemplo, um aquariano, escolheria uma vela azul ou cinza para representar a si mesmo. Então, poderia criar um ritual no altar que envolvesse vela dourada (Miguel) e azul (você).

Se quisesse, poderia também acrescentar uma vela relacionada a seu pedido específico. Aqui está uma lista de cores de vela com as qualidades que possui:

Vermelho — coragem, força, entusiasmo, amor, sexo.
Laranja — honestidade, integridade, atração, adaptabilidade.
Amarelo — força, comunicação, amizade.
Verde — Cura, fertilidade, verdade, sorte, felicidade.
Azul — Honestidade, sinceridade, atenção, espiritualidade.
Índigo — Piedade, fé, verdade, humanitarismo.
Violeta — Espiritualidade, poder, ambição, cura.
Branco — Pureza, honestidade, inocência, verdade.
Rosa — Amor, casamento, romance, beleza, esperança.
Cinza — Sabedoria, maturidade, senso comum.
Marrom — Natureza prática, pés no chão, progresso constante.

Se seu ritual envolvesse proteção, por exemplo, você poderia optar por usar vela amarela ou vermelha. Se seu ritual envolvesse verdade e integridade, talvez escolheria laranja, verde, azul, índigo ou branco.

Não existe limite para o número de velas que pode usar. No entanto, menos é sempre mais e uma única vela branca pode ser utilizada para qualquer propósito. Com frequência, uso uma, duas ou três velas em meus rituais, mas raramente utilizo mais. Há muitos anos, vi um filme chamado *Carrie* no qual foi usado um número absurdo de velas. Benefícios extras não são obtidos com o uso de dezenas de velas e além do mais elas criam um risco potente de incêndio.

## Ungindo suas Velas

Suas velas devem ser consagradas ou ungidas antes de serem usadas em qualquer ritual. Muitos tipos de óleo podem ser comprados para finalidades específicas. Todavia, não há necessidade de procurar óleos incomuns e exóticos. Na prática, descobri que o óleo de oliva da melhor qualidade que você encontrar se adpata bem para todos os propósitos.

Comece esfregando óleo em suas mãos. Segure a vela perto da parte central e comece a esfregar o óleo desde o centro até o pavio. Esfregue somente para cima. Ungida a metade da parte de cima da vela, passe óleo na metade da parte de baixo, esfregando do centro até a base.

Pense na razão de fazê-lo enquanto unge sua vela. Isso contribui para que seu objetivo penetre-a.

## Enrolando a Vela

Esta é a etapa final da preparação. Segure a vela e pense como pretende usá-la. Enrole um fio de fita fina em volta da vela, começando embaixo e terminando em cima. Isso une sua intenção à vela. Após fazê-lo com todas as velas que pretende utilizar, você pode iniciar a realização de seu ritual.

## Realizando o Ritual de Miguel

Esta é uma amostra de ritual que você pode mudar o quanto quiser para adequar seus próprios pedidos. Vamos admitir que seja geminiano. Fez algo de que está envergonhado e quer discutir o assunto com Miguel.

Você poderia começar ungindo e unindo três velas: uma dourada para Miguel, uma amarela para você e uma azul para representar honestidade.

Ponha-as em seu altar. A vela dourada deve estar no centro, com a vela amarela colocada no lado esquerdo e a vela azul, no lado direito. Acenda primeiro a vela dourada, seguida pela amarela, e depois pela azul.

Ajoelhe-se ou sente-se em frente de seu altar e fixe os olhos nas velas que queimam. Depois de um ou dois minutos, peça para Miguel ficar junto de você. Poderia dizer em voz alta: "Arcanjo Miguel, por favor, ajude-me. Fiz algo errado e preciso de seu auxílio. Por favor, ajude-me a decidir o que fazer".

Continue a fitar as velas, concentrando-se na chama da vela dourada. Espere esperançosamente. Em dado momento, algo fará perceber que Miguel está junto a você. As velas podem tremeluzir e a temperatura do quarto alterar-se ou você pode simplesmente saber em seu íntimo que ele está com você.

Quando você souber que Miguel chegou, pode falar com ele. Conte exatamente o que aconteceu. Não é necessário usar linguagem formal ou antiquada. Converse com ele como se fosse um velho amigo. No exemplo citado, poderia dizer: "Arcanjo Miguel, cometi um ato muito tolo e não sei o que fazer. Estava perto do refrigerador de água e nosso grupo começou a fofocar a respeito de Sônia. Ríamos e dizíamos coisas indelicadas a respeito dela. Na verdade, não era para ter importância nenhuma. Dissemos coisas que não deveríamos. E, depois, alguém contou para Sônia. Senti-me mal, realmente mal. Sei que deveria pedir desculpas, mas e se piorarem as coisas? E se ela ficar zangada ou recusar-se a conversar comigo? O que devo fazer?"

Quando acabar de explicar a situação, sente-se de forma tranquila e aguarde a resposta de Miguel. Você poderá ouvir palavras em sua mente ou talvez saiba de repente o que fazer. Geralmente, não se recebe uma resposta imediata. Nesse caso, ela virá assim que Miguel estiver pronto para responder.

Não importa o que aconteça nessa etapa; termine o ritual agradecendo a Miguel pela ajuda e conforto. Você pode dizer: "Obrigado, Miguel. Fico grato por passar seu tempo escutando-me. Sei que me comportei mal, mas pretendo corrigir-me e tentarei agir de uma forma que se sentirá orgulhoso de mim no futuro. Obrigado, Miguel. Até logo". Pare por aproximadamente trinta segundos e depois tire as velas. Apague por último a vela que simboliza Miguel.

Naturalmente, você terá de pôr em prática o conselho de Miguel. Nessa situação, ele talvez sugira que peça desculpas a Sônia. Esteja certo de que o conselho dele será sempre a melhor ação para todos. Miguel não tornará a vida fácil para você, mas assegurará que leve uma vida cheia de integridade e honra.

Esse ritual deve ser feito com três velas: uma para Miguel, uma para você e uma para a finalidade do ritual. Você também poderia fazer esse ritual com duas velas: uma para você e outra para Miguel. Poderia decidir usar apenas uma vela, que simbolizaria Miguel. Oriente-se pelo que perceber ser apropriado na hora.

## Carta para Miguel

Outra maneira de usar velas para ter contato com Miguel implica em escrever uma carta para ele. Ninguém a verá, então você pode escrever o que quiser. Tenha certeza de que vai incluir detalhes suficientes e explicar de maneira nítida o que deseja de Miguel. Ao terminar a carta, sele-a em um envelope.

Mais uma vez, você pode usar quantas velas quiser. Sente-se em frente de seu altar e fite-a(s). Segure a carta em suas mãos e pense no motivo que teve para escrevê-la. Quando estiver pronto, queime-a na vela que simboliza Miguel. Pense em seu pedido enquanto ela está queimando. Quando a carta desaparecer por completo, preste agradecimentos pela ajuda de Miguel e tire as velas. A vela que representa Miguel deve ser tirada por último. Siga sua vida e esteja certo de que Miguel cuidará do assunto em seu favor.

Você também pode queimar uma carta caso deseje enviar uma mensagem para alguém, e não se sinta capaz de falar com ele (ela). Escreva a carta para essa pessoa e sele-a em um envelope. Enderece-o.

Acenda uma única vela para simbolizar Miguel. Peça para entregar a carta ao anjo da guarda da pessoa. Se sentir uma resposta positiva de Miguel, queime a carta, certo de que ele entregará a mensagem ao anjo da guarda da pessoa que, por sua vez, o fará para você.

Entretanto, haverá vezes em que Miguel não estará preparado para concordar com esse pedido. Nesses casos, está ensinando-o a ser corajoso. Você terá de colocar a carta no correio ou contatar a pessoa de alguma outra forma.

Naturalmente, isso muda muito o ritual. Quando isso ocorrer, peça a Miguel força e coragem necessárias para fazer o que ele sugere. Talvez seja difícil, mas ficará agradecido depois que o arcanjo forçou você a agir de modo honrado e ético.

## Queima de Vela para Proteção

O ataque psíquico felizmente é um fenômeno raríssimo, mas pode acontecer. Envolver a si próprio com um círculo de velas acesas é um antídoto eficiente, pois as velas simbolizam luz e detêm a magia negra que está sendo destinada a você.

É mais provável que queimará velas para outras finalidades de proteção. Precisará de espaço, já que estará sentando dentro de um círculo de pelo menos quatro velas. Escolha velas brancas, embora também possa incluir uma dourada para Miguel se desejar. Se usar vela dourada, ela deve ser colocada no extremo sul do círculo.

Acenda quantas velas quiser para compor o círculo, mas assegure-se de que terá três velas brancas apagadas no centro dele. Fique dentro do círculo e volte-se para o leste. Com uma voz firme, peça proteção para Rafael. Pode dizer: "Arcanjo Rafael, preciso de sua ajuda". Volte-se para o sul e peça proteção e ajuda a Miguel. Volte-se para o oeste e peça a proteção de Gabriel. Volte-se para o norte e peça proteção a Uriel. Visualize esses quatro arcanjos com as asas estendidas, rodeando seu círculo de velas, e prontos para ajudar e proteger você.

Volte-se para o sul a fim de ficar de frente para Miguel. Pegue uma das velas apagadas e a acenda, segurando-a na sua frente à altura do peito. Diga: "Miguel, Anjo da Luz e protetor da humanidade. Proteja-me das trevas e mantenha-me na luz. Esta pequena vela é o símbolo de sua energia. Com sua ajuda, não terei medo do mal e sempre andarei na luz".

Sente-se dentro do círculo de frente para o sul e ponha a vela acesa em um castiçal. Ainda sentado, acenda uma segunda vela para dobrar simbolicamente sua proteção. Acenda a terceira vela para triplicá-la. Coloque-as nos castiçais. Estenda as mãos em um gesto de súplica e agradeça a Miguel pela ajuda e proteção.

Fique sentado dentro do círculo de velas pelo tempo que quiser. Quando estiver pronto, levante e faça uma reverência a Rafael ao leste. Agradeça pela proteção enquanto o faz. Repita o ato com Miguel, Gabriel e Uriel. Tire todas as velas, começando do leste e movimentando-se no sentido horário.

## Protegendo Outras Pessoas

Com a ajuda de Miguel, você pode usar o incrível poder das velas para enviar proteção a outras pessoas. Coloque uma vela dourada ou branca em seu altar. Acenda-a e fite a chama por alguns segundos antes de se sentar em frente delas.

Pense na(s) pessoa(s) às quais queira mandar a proteção de Miguel. Veja se pode sobrepor mentalmente as imagens dessa(s) pessoa(s) à chama tremeluzente da vela. Invoque Miguel. Você pode dizer: "Arcanjo Miguel, meu guia e protetor, venha até a mim, por favor". Espere até sentir a presença dele. "Arcanjo Miguel, obrigado por atender ao meu chamado. Preciso de sua ajuda. Meu amigo fulano precisa de grande proteção. Por favor, você o/a ajudaria?"

Espere por uma resposta e depois agradeça ao arcanjo de maneira sincera. Visualize seu amigo envolto a uma clara luz branca de proteção. Deixe o círculo de luz espalhar-se aos poucos até que você também esteja dentro dele. Agradeça a Miguel de novo. Apague a vela e siga seu dia.

## Ritual do Perdão

Duvido que alguém tenha conseguido passar a vida sem ter sido magoado por outras pessoas. Com frequência, esta mágoa vem de quem mais amamos. Esses insultos são sempre involuntários, mas as pessoas os denigrem em suas mentes e não esquecem deles. Sentem nó no estômago toda vez que revivem cada momento do incidente doloroso. Ficam acordadas na cama pensando nas respostas que deveriam ter dado. Depois de muito tempo que a pessoa causadora do fato desagradável nem lembra mais do incidente, o ofendido ainda pode sofrer durante semanas, meses ou até anos mais tarde.

Claro que o mais sensato seria perdoar a pessoa e seguir em frente, mas não é algo fácil de se fazer. No entanto, é essencial. O sofrimento emocional continuará até mudar de ideia para deixá-lo ir embora. Felizmente, Miguel pode ajudar a alcançar isso.

Você precisará de uma vela branca, papel e caneta. Quando estiver pronto para perdoá-la, coloque a vela no centro de seu altar. Ponha a caneta e o papel no altar em frente da vela. Acenda-a e sente-se em frente ao seu altar. Fite a chama tremeluzente e pense nessa pessoa.

Perceba que fazemos o melhor possível em qualquer momento. O que a outra pessoa fez para você foi inaceitável. Mas aconteceu. Embora esteja perdoando quem o magoou, você não está dando permissão para que o comportamento se repita no futuro. Na verdade, pense no que lhe foi feito. Isso é o que precisa ser perdoado. É claro, você sofreu como um resultado disso, mas seus sentimentos foram criados por vocês. É o próprio incidente que precisa ser perdoado.

Não há lógica em perguntar por que a pessoa agiu assim. Mesmo que você soubesse, não diminuiria a dor. Na maioria das vezes, a pessoa que te magoou desconhece o motivo.

Reconheça seu papel no incidente. Você causou deliberadamente ou inadvertidamente o incidente? Ficou quando teria sido melhor sair? Escondeu sua mágoa e falou para a outra pessoa que tudo estava bem, quando, de fato, não estava? Se não foi a primeira vez que a pessoa magoou você, por que não saiu antes? Devem ter havido algumas vantagens para você ter ficado. Aceitando qualquer responsabilidade nisso, você para de ser a vítima.

Agora é hora de escrever uma carta para quem magoou você. Essa pessoa nunca verá a carta, então você pode escrever o que quiser. Lembre-se de alguns dos bons momentos que passaram juntos se, na verdade, houve algum. Escreva a respeito de algumas coisas dolorosas que aconteceram e expresse como fizeram sentir-se. Conte a essa pessoa de sua raiva, fúria e impotência. Exprima seu perdão por todas as mágoas causadas. Escreva qualquer coisa que pareça relevante ou importante. Diga que a perdoou e que quer esquecer o(s) incidente(s). O que foi feito, foi feito, e agora pertence apenas ao passado. Você abriu mão do caso e não vai mais alimentar raiva. Acrescente qualquer coisa que deseje. No fim, escreva: "Eu te perdoo de maneira incondicional", e assine seu nome.

Leia a carta mais algumas vezes e faça quaisquer mudanças que queira. Após ter certeza de que terminou a carta e incluiu tudo que gostaria de citar, coloque-a em um envelope e escreva o nome do destinatário. Ponha o envelope no altar em frente à vela.

Peça a Miguel ajuda e proteção enquanto se prepara para queimar o envelope. Espere até sentir a presença do arcanjo e depois coloque fogo no envelope enquanto perdoa quem magoou você. Se possível, expresse seu perdão em voz alta. Imagine a pessoa perdoada beneficiando-se de seu ritual e parando seu comportamento inaceitável.

Seja cuidadoso enquanto queima o envelope. Pode usar uma pinça para segurá-lo enquanto queima ou, conforme o envelope está queimando, você pode colocá-lo em um recipiente que conterá as chamas.

Quando a carta acabar de queimar, agradeça a Miguel pelo auxílio e ajuda em todas as áreas de sua vida. Apague a vela branca e siga a vida. Notará muitas mudanças imediatas. Sem o peso da mágoa e da dor, você se sentirá mais feliz, leve e cheio de energia.

Você pode ter de repetir esse ritual muitas vezes se o perdão referir-se a um parceiro ou parente. Muitas vezes, perdoar o incidente e enviar esse perdão ao universo é tudo que se pede. No entanto, se o problema se refere a longo abuso, você pode precisar repetir esse ritual regularmente para atingir os resultados esperados. Em seus momentos de tranquilidade com Miguel, peça conselho em relação à frequência de dever repetir o ritual.

Tudo o que fazemos tem consequências boas ou ruins. Perdoar os outros é benéfico para você e pode diminuir os efeitos cármicos obtidos por quem magoou você. Miguel pode ajudar a lidar com seu próprio carma. Este é o assunto do próximo capítulo.

# Capítulo 6

# Carma

***Carma é a lei*** da causa e efeito. Significa que tudo o que pensamos ou fazemos de bom ou de ruim tem um efeito mais tarde. Uma boa ação feita hoje resultará em algo agradável no futuro. Algo ruim feito hoje resultará em experiência negativa no futuro. O que acontece com você no futuro é causado pelas suas ações no passado. A lei é completamente imparcial.

Para complicar: este é o carma que você trouxe para esta vida a partir de encarnações passadas. É por isso que a vida às vezes parece injusta, já que muitas pessoas não têm lembranças conscientes de suas vidas passadas. Isso também explica como, de vez em quando, as coisas ruins acontecem com pessoas boas e decentes.

Na verdade, carma é um processo de aprendizado. Não significa ser o tipo de processo "olho por olho, dente por dente". Assegura justiça absoluta e máxima para todos. A partir do momento em que você entender que está criando todas as coisas ruins que acontecem em sua vida, você pode fazer algo a respeito. Miguel está preparado para ajudá-lo a ver o panorama geral e a estar ciente do que realiza.

Todos os dias, tudo que você faz e pensa está gerando bom ou mau carma. Consequentemente, você pode pensar que a situação é irremediável, e assim desistir de imediato. No entanto, isso não resolve nada, pois, antes que encarnasse nesta época, você escolheu ser você. Se não tivesse tomado essa decisão, não estaria aqui neste presente momento. Obviamente, não pode lembrar de ter feito essa escolha, visto que agora está preso em um corpo físico com cérebro humano. Você está nesta encarnação para aprender e crescer em termos de conhecimento e de sabedoria. Pedir que Miguel nos ajude a sanar questões cármicas é parte disso.

Todos os arcanjos podem ajudar a elucidar questões cármicas. Entretanto, Miguel tem mais controle sobre isso do que os outros e é conhecido como o Protetor do Carma. Ele pode ajudar a esclarecer suas dúvidas cármicas, deixando ver o que são e o que as criou. Reconhecendo os fatores envolvidos, você será capaz de evitar situações semelhantes no futuro. Miguel também pode dar-lhe a coragem necessária para fazer as coisas que precisa para interromper o ciclo.

Imagine despertar em uma manhã na qual se sinta em total controle, em paz consigo mesmo e com todos no mundo, e sem nenhum estresse, ansiedade e medo. Isso pode parecer um sonho impossível, mas, desde que enfrente seu carma e o solucione, essa é a vida que será capaz de desfrutar. Felizmente, Miguel está pronto e quer lhe ajudar a alcançar isso. Você pode fazê-lo com uma série de meditações.

## Meditação da Libertação do Carma

Escolha uma hora em que não será incomodado. Não é uma boa ideia fazer esta meditação na cama ou quando está se sentindo cansado, pois é provável que adormeça ao invés de se libertar do carma. Se possível, tome um banho ou uma ducha e se acomode em algo que ofereça conforto. Sente-se em uma poltrona reclinável ou então deite no chão em frente ao seu altar.

Se quiser, pode acender velas e tocar músicas relaxantes. Se queimar velas, certifique-se de que estão em castiçais seguros.

Gosto de começar voltando-me para cada uma das quatro direções e convidando Gabriel, Miguel, Rafael e Uriel para ficarem comigo. Quando sinto a presença deles, deito-me no chão e inicio a meditação. Não é necessário começar dessa maneira, mas acho a meditação gratificante e satisfatória por seus próprios méritos e ela assegura que tenho os arcanjos comigo desde o princípio.

Após se deitar, concentrando-se, focalize-se em sua respiração por um ou dois minutos. Respire fundo e devagar, segurando a respiração por alguns momentos antes de soltá-la. Sinta seu corpo inteiro relaxando com cada exalação. Aproveite muito o tempo que precisa nessa primeira etapa. Você precisa estar totalmente relaxado para prosseguir adiante.

Assim que se sentir plenamente relaxado, visualize-se cercado por um raio de luz branca com poderes de cura que enche por completo o lugar onde está. Deixe essa luz branca espalhar-se aos poucos até preencher sua casa e depois a sinta crescer até ocupar sua cidade, seu país e, por fim, o mundo inteiro. Com cada exalação, imagine que está enviando energia com poderes de cura ao mundo todo.

Agora, é hora de invocar Miguel. Se começou essa meditação invocando os quatro arcanjos, ele já estará no quarto e você será capaz de sentir sua presença. Se não invocou Miguel ainda, peça-lhe para ficar junto a você. Deite de maneira tranquila, respirando devagar e com calma, até estar ciente de que Miguel está com você.

Agradeça a Miguel pela orientação e proteção e depois diga que quer resolver alguns fatores cármicos que estão prendendo você e impedindo que evolua nesta encarnação. Peça para mostrar alguns exemplos específicos desta vida e de encarnações passadas.

Continue relaxando de forma confortável e veja o que acontece. Imagens do passado podem aparecer no olho de sua mente. Você pode entender certos acontecimentos. Pode sentir um aperto no peito ou desejo de chorar.

Tente não fazer ou falar nada. Deite com calma e permita que tudo o que Miguel está preparado para mostrar venha à tona. Tenha total imparcialidade. Não há necessidade de ficar assustado se fez algo horrendo em uma vida passada. Era uma personalidade diferente que cometeu o mau ato e, embora a alma seja a mesma, você não é a pessoa que foi em nenhuma de suas vidas passadas.

Absorva a informação que chega. Quando terminar de assimilá-la, agradeça a Miguel por trazê-la até você. Pergunte o que pode fazer para se libertar dos bloqueios cármicos que afetam sua vida. Você pode receber uma resposta imediata. Algo poderá aparecer em sua mente para esclarecer a situação e, logo que finalizar a meditação, você saberá com exatidão quais etapas tomar a fim de começar a se desprender de qualquer carma negativo. É mais provável que a resposta venha um ou dois dias depois. Talvez virá no momento em que estiver fazendo algo bem diferente e quando menos esperar.

Ao alcançar essa etapa na meditação, agradeça a Miguel de novo. Fique ciente de onde você está e comece a sentir a presença de Rafael, Gabriel e Uriel. Agradeça também a eles pelo carinho e apoio.

Respire fundo três vezes, exalando firmemente, mas de forma rápida, com a liberação de uma pequena quantidade de ar a cada vez. Enquanto o faz, imagine sua respiração como uma energia com poderes de cura que está saindo em direção ao mundo para ajudar às outras pessoas.

Quando estiver pronto, abra os olhos devagar, espreguice-se e sorria. Pense na meditação e no que vivenciou durante alguns minutos antes de continuar seu dia.

O que acontece se Miguel não lhe der exemplos dos fatores de criação do carma? Isso não significa que não tenha nenhum a ser recompensado. Ninguém é perfeito e você pode estar certo de que, junto com todas as pessoas no mundo, acumulou muitos carmas. Pode haver muitas razões pelas quais Miguel não revela. Você pode não estar relaxado o suficiente, por exemplo. Miguel pode pensar que você não está levando o assunto a sério. Ele pode sentir que é desnecessariamente estressante para você lidar com o seu carma neste momento.

## A Espada de Miguel

Muitas pessoas gostam de usar o simbolismo e a imagem da espada de Miguel ao lidar com libertação de carma. Pode ser útil pedir que o arcanjo corte os laços psíquicos que unem você às pessoas, situações, objetos e negatividade. Você deve realizá-lo com frequência, antes de as situações ficarem fora de controle. Também pode pedir a Miguel para desprender os fatores cármicos entre grupos de pessoas, ou até em países inteiros. Pode achar que não vai conseguir muita coisa por intermédio de si próprio, mas cada pedacinho ajuda, e, se um número suficiente de pessoas começar a fazê-lo, enormes mudanças podem ser feitas.

Há um processo com três etapas que considero de extrema utilidade para libertar o carma pessoal:

1. Sinta-se confortável, feche os olhos e respire fundo várias vezes. Aos poucos, relaxe todos os músculos do corpo, começando pelos pés e indo para cima, ou do topo da cabeça e indo para baixo. Após se sentir relaxado por completo, busque mentalmente em seu corpo todas as áreas ainda tensas. Focalize-se nelas até que estejam também relaxadas por completo.

2. Visualize-se como se você flutuasse alguns metros no ar e pudesse ver seu corpo relaxado. Quando puder enxergar a si mesmo de forma nítida no olho de sua mente, visualize seu corpo físico transformando-se aos poucos em uma grande bola de lã. Há muitos fios que fogem dessa bola e tomam direções diferentes. Estes fios são todas as ligações para experiências cármicas. Imagine-se dentro dessa bola e veja Miguel aparecer na sua frente. Ele é alto, forte e está vestido de cota de malhas de ferro. Está portando uma grande espada azul brilhante na mão direita e carregando um escudo na mão esquerda. Enquanto você vê, ele corta todos os fios de lã até que a bola fique redonda e perfeita de novo. Agradeça pela libertação de seu carma.

3. A etapa final é respirar fundo três vezes e depois contar de um a cinco. Abra os olhos, espreguice-se e pense no que acabou de acontecer. Repita esse exercício o quanto quiser até sentir que esse carma não está mais afetando sua vida de forma adversa.

Não são todos que gostam de se imaginar como uma grande bola de lã. Se for o seu caso, relaxe e, no olho de sua mente, veja-se deitado no chão com pequenos fios de carma que partem para todas as direções. Depois, visualize Miguel do seu lado direito segurando a espada para cima. Assista-o cortar todos os finos fios de carma perto do seu corpo. Note como você se sentiu muito mais livre e leve, depois disso.

É possível que não vivencie essa libertação instantânea do carma após realizar esses exercícios. No entanto, eles são um início e você observará melhoras graduais em sua vida imediatamente.

A próxima coisa que precisa fazer é lidar consigo mesmo. Você deve abandonar mágoas passadas, ressentimentos, arrependimentos, decepções e outras dores. Quando seu subconsciente está cheio de pensamentos e experiências negativas, fica dificílimo progredir. A eliminação dos aspectos negativos de seu passado possibilita seguir adiante de novo. Muitos carmas também podem ser libertados dessa maneira. Grande parte das pessoas prende-se a essas experiências negativas, revivendo de forma infinita momentos difíceis em sua vida, embora saiba que é muito mais saudável e melhor abrir mão deles e começar a tocar as coisas para frente outra vez.

Há uma tentativa que você pode fazer com Miguel que tornará possível ver a vida que você vai desfrutar, desde que abandone o passado. Você vai achar isso benéfico e estimulante. Depois de libertar toda a bagagem que o estava prendendo, você será capaz de seguir em frente mais confiante do que antes. Novas oportunidades aparecerão de modo milagroso e todas as áreas da sua vida melhorarão.

## Para a Futura Meditação

1. Comece seguindo o Ritual de Invocação no capítulo 2. Quando atingir a etapa que requer o auxílio de Miguel, sente-se, feche os olhos e peça-lhe para ajudar a ver o que será de sua vida, se eliminar toda a bagagem que o prende.
2. Focalize-se em sua respiração e espere para ver quais imagens aparecem em sua mente. Como todas as pessoas são diferentes, é impossível dizer como vai vivenciá-las. Pode vê-las claramente como se estivessem em uma tela de TV; ou senti-las, ouvi-las, ou, ainda, desenvolver uma consciência do futuro que é seu por direito.
3. Você achará que sua mente flutua de uma cena para outra. Passe o maior tempo que quiser com cada uma delas. Quando estiver pronto para ir à cena seguinte, respire fundo e solte a respiração devagar. Automaticamente, você se moverá para outra situação ou experiência em sua vida futura.
4. Quando já tiver vivenciado tudo de modo suficiente, agradeça a Miguel pela oportunidade de ver o novo rumo que sua vida pode tomar e retorne ao presente, sentando-se confortavelmente no lugar onde você estiver, cercado pelos quatro arcanjos. Fique ciente da situação no local e, ao estar pronto, abra os olhos.
5. Levante-se e termine o Ritual de Invocação prestando agradecimentos e realizando o pentagrama de banimento.
6. Assim que possível, depois desse exercício, escreva tudo que puder lembrar acerca da experiência. Pense no que ocorreu e nos discernimentos que vieram até você. Se duvidar que esse futuro proposto seja melhor do que outro que pudesse ter, realize todo o processo de novo, mas, dessa vez, peça para Miguel mostrar o futuro que você terá, caso se mantenha no caminho em que já está. De

qualquer maneira, é uma boa ideia fazê-lo. Conheço muitas pessoas que foram suficientemente motivadas pelos futuros contrastantes para mudar em suas vidas por completo.

7. Repita esse exercício várias vezes durante as semanas seguintes para esclarecer tudo em sua mente. Depois, escreva qualquer coisa que acontecer com você a respeito da experiência, assim que possível.

Uma vez que descobriu como sua vida será diferente eliminando o carma negativo do passado, você estará motivado a lidar com a situação. Há muitas formas de excluir essa negatividade, porém encontrei três métodos úteis em especial. Caso deseje, pode invocar a ajuda de Miguel nesses exercícios. No entanto, não é necessário, ao menos que queira a proteção dele ao seu redor enquanto os realiza. Nesse caso, trabalhe dentro de um círculo e faça o ritual de invocação antes de começar a libertar seu carma.

O método mais simples é ficar em frente de um espelho, olhar dentro dos olhos e perdoar-se. Converse em voz alta. Reconheça seus erros do passado e fale para si mesmo que, a partir de agora, você se empenhará em ser uma pessoa melhor. Fale sério e com expressão. Quando disser tudo o que quiser, peça para si próprio para abandonar toda a bagagem acumulada para poder seguir em frente outra vez. Ao terminar, sorria para si mesmo, respire fundo três vezes e depois continue seu dia.

Você sentirá uma sensação imediata de libertação e de alívio. Repita esse exercício todos os dias até que esteja seguro de seu sucesso.

Um modo mais dramático de se libertar do passado se dá por meio da dança. Vista roupas largas e tenha certeza de que não será incomodado por pelo menos trinta minutos. Escolha músicas agradáveis. É melhor não utilizar músicas com letras familiares, já que isso pode lhe distrair. Você pode acabar cantando as músicas e se esquecendo da finalidade do exercício.

Primeiro, dance por alguns minutos. Desfrute do prazer físico de movimentar seu corpo em sintonia com a música. Quando estiver pronto, continue dançando, mas comece a bater palmas em sincronia com a música. A etapa final é criar algumas palavras que possa cantar junto com a música. Algo como, "abandono o passado", repetidas vezes como um mantra é ideal. Faça isso por alguns minutos enquanto dança com o maior vigor possível. Assim que se cansar, pare, estenda as palmas da mão para cima e diga: "Liberto toda a bagagem do meu passado". Respire fundo, prenda o ar por alguns segundos e solte a respiração devagar. Quando estiver pronto, siga seu dia. Como no exercício anterior, realize-o com a maior frequência possível até sentir-se livre do carma que prendia você.

O exemplo final é mais moderado que o último, já que se trata de uma meditação. Sente-se ou deite-se em algum lugar cálido e confortável e relaxe conscientemente todos os músculos em seu corpo. Quando estiver relaxado por completo, deixe sua mente pensar no que ocorreu em sua vida durante os últimos meses. Ao se deparar com crítica maldosa ou má sensação, diga para si mesmo: "Eu me liberto disso".

Uma vez abrangidos os últimos meses, comece a pensar no ano anterior. Liberte-se de tudo que o esteja prendendo. Continue voltando a cada ano o quanto for possível. Quando aproximar-se de sua infância, talvez precisará de períodos de cinco anos.

Assim que voltar o quanto puder, diga: "Eu me liberto do carma de minhas vidas passadas". Retorne gradualmente ao presente, ano por ano. Detenha-se o quanto quiser em suas lembranças agradáveis. Livre-se das lembranças negativas que encontrar para poder chegar ao presente. Ao chegar, respire fundo três vezes, espreguice-se e continue seu dia. Faça isso com a maior frequência possível até a libertação da bagagem.

No próximo capítulo, aprenderemos como os cristais podem ajudar a ficar bem mais perto de Miguel.

## Capítulo 7

# Cristais

*Cristais, joias e* pedras preciosas são considerados sagrados por quase todo o período em que as pessoas estão neste planeta. Desempenham um papel na história de todas as grandes religiões. Os antigos egípcios, por exemplo, usavam cristais para propósitos medicinais e espirituais.

Cristais e pedras preciosas são mencionados muitas vezes na Bíblia, mostrando como as pessoas antigas eram capacitadas e inteligentes ao usá-los. O exemplo mais famoso é o peitoral usado por Aarão, o sumo sacerdote de Israel (Êxodo 28:15-30). Em Apocalipse, São João descreve a visão de uma "nova Jerusalém" (Apocalipse 21:9-21). Nos versículos 19 e 20, escreveu: "E os alicerces da muralha da cidade eram ornados de pedras preciosas: o primeiro era de jaspe, o segundo de safira, o terceiro de calcedônia, o quarto de esmeralda, o quinto de sardônica, o sexto de coralina, o sétimo de crisólito, o oitavo de berilo, o nono de topázio, o décimo de crisóparo, o décimo primeiro de jacinto e o décimo segundo de ametista".

Para mim, a parte interessante das palavras de São João é que cada pedra preciosa representava um certo aspecto da vida. O que essas pedras preciosas significaram é desconhecido, mas muitas pessoas lhes associaram diferentes qualidades posteriormente. Em 786 d.C., Rabanus Maurus, arcebispo de Mainz, associou cada pedra a cada um dos doze apóstolos.⁵¹ Na época, as pedras preciosas foram associadas aos diferentes meses do ano. De fato, até hoje, em muitas igrejas, o vaso que mantém a hóstia sagrada simbolizando Jesus está frequentemente cercado pelas doze pedras preciosas.

O Concílio de Laodiceia desestimulou o uso de pedras preciosas. No entanto, o papa ainda apresenta novos cardeais com chapéu vermelho e anel de safira. Ele usa ametista.

De maneira interessante, há uma antiga lenda judaica que conta como as lágrimas de Miguel transformaram-se em pedras preciosas. Deus enviou Miguel para dizer a Abraão que morreria. Abraão encontrou um estranho e o convidou para entrar em sua casa. Ele não tinha ideia de que o estranho era um anjo e deixou o arcanjo Miguel sozinho. Enquanto os empregados preparavam a comida, Abraão pediu a Isaac, seu filho, para trazer um vaso de água para lavar os pés do estranho.

Abraão olhou para o vaso e disse: "Temo que esta seja a última vez que lavarei os pés de um convidado". Ao ouvir isso, Isaac começou a chorar. Abraão também o fez e Miguel os viu. O arcanjo também passou a ficar em prantos. Suas lágrimas caíram no vaso e foram convertidas em joias preciosas.⁵²

Na tradição islâmica, Miguel entrega seus sermões semanais de um púlpito de esmeralda verde na Casa de Deus no quarto céu. Essa Casa é cheia de pedras preciosas. Há um nicho de oração feito de pérolas e uma cortina divisória composta de numerosas pedras preciosas. A Casa contém três portas. Uma de topázio; a outra, de berilo verde; e, a terceira, de ouro vermelho. O minarete é todo de diamantes.⁵³

Os cristais sempre desfrutaram de uma próxima associação aos reinos angelicais. Portanto, alguns cristais atrativos em seu altar

---

51. Brett Bravo, *Crystal Healing Secrets*. New York, NY: Warner Books, Inc., 1988, 24.
52. Louis Ginzberg, *The Legends of the Jews*, Volume 1 (traduzido por Henrietta Szold), 300.
53. Shaykh Muhammad Hisham Kabbani, *Angels Unveiled: A Sufi Perspective*, 171.

estimularão os anjos a visitar você. Os cristais também facilitam a sua comunicação com os anjos para receber ajuda e orientação.

O papa Gregório atribuiu o carbúnculo (uma granada cortada em forma redonda e convexa sem facetas) aos arcanjos.[54] Aos poucos, as diferentes pedras preciosas foram designadas a todos os anjos bem conhecidos:

| Pedras Preciosas | Anjo |
|---|---|
| Ágata | Rafael, Buriel |
| Alexandrita | Geburathiel |
| Ametista | Uriel, Zadkiel, Adnachiel |
| Angelita | Uriel |
| Água-marinha | Miguel, Asariel, Humiel |
| Aventurina | Rafael |
| Cornalina | Camael |
| Charoíta | Zadkiel |
| Crisópraso | Rafael |
| Citrina | Jophiel, Caneloas |
| Diamante | Camael, Israfel, Hamatiel |
| Esmeralda | Rafael, Anael, Muriel |
| Granada | Amriel |
| Jaspe | Barchiel |
| Kunzita | Chamuel, Atar |
| Lápis-lazúli | Miguel, Zadkiel |
| Malaquita | Nadiel |
| Ortoclásio | Gabriel, Ofaniel |
| Obsidiana | Cassiel |
| Ônix | Cassiel, Gabriel |
| Opala | Anael, Nibra Ha-Rishon |
| Ortósio | Metatron |
| Pérola | Gabriel, Nelle |
| Peridoto | Alair |

---

54. Cornelia M. Parkinson, *Gem Magic*. New York, NY: Fawcett Columbine, 1988, 47.

| | |
|---|---|
| Rubi | Camael, Malchadiel |
| Safira | Rafael, Ashmodei, Verchiel |
| Sardônica | Derdekea |
| Selenita | Gabriel |
| Espinélio | Raziel |
| Tanzanita | Gabriel |
| Olho-de-tigre | Miguel |
| Topázio | Azrael, Ashmodel, Matthew |
| Turmalina | Haniel, Tadhiel |
| Turquesa | Miguel, Zadkiel, Verchiel |
| Zircão | Tsuriel |

Os cristais azuis e dourados são mais eficientes para serem utilizados ao contatar Miguel. O olho-de-tigre, a água-marinha, a turquesa e o lápis-lazúli são bons exemplos. Lembre-se de que pode usar cristal de quartzo quando se comunica com os reinos angelicais.

Na maioria das vezes, seus cristais parecerão escolher você. Se você for sem compromisso a uma loja de cristal, talvez ache que algumas pedras chamarão de forma misteriosa sua atenção e você se sentirá atraído por elas em virtude, aparentemente, de alguma razão desconhecida. Sempre compro pedras que se comunicam comigo dessa maneira. Isso significa que posso sair a fim de comprar muitos cristais de quartzo rosa, e voltar para casa com esmeralda e citrina.

Mesmo quando isso não acontecer, use a intuição para ajudar a escolher as pedras preciosas corretas. Segure-as em suas mãos, feche os olhos por alguns segundos e veja qual resposta recebe. Alguns cristais parecem felizes, enquanto outros parecem pensativos e quietos. Alguns cristais parecem quentes, enquanto outros sentem frio. Alguns tilintam e pulsam. Todos são diferentes. Aproveite seu tempo e tenha certeza de que escolherá os cristais destinados a você.

## Purificando seu Cristal

Você deve purificar seu cristal antes de usá-lo. Isso remove energias negativas que ele possa ter adquirido antes de lhe pertencer. Se você nunca usou o cristal, deixe-o durante a noite em um copo contendo água do mar, ou água com sal. A água absorverá a energia negativa do cristal, enquanto o sal quebrará a negatividade e a eliminará.

Após a purificação inicial, você pode limpar seu cristal sempre que quiser, lavando-o em água corrente. Uma alternativa é usar água morna e pequena quantidade de sabão de boa qualidade. Caso esteja com pressa, pode purificar seu cristal respirando nele. Segure-o entre o mindinho e o polegar da mão esquerda enquanto respira fundo três vezes. Visualize-se inalando pura luz branca. Depois da terceira respiração, sopre a luz branca com poderes de cura no cristal. Mova o cristal para cobri-lo totalmente com seu ar. Você também pode purificar seu cristal de acordo com seu signo astrológico.

Se pertencer ao elemento do fogo (Áries, Leão, Sagitário), passe seu cristal pela chama de uma vela ou crie um círculo de velas e deixe-o no centro. Queime as velas por pelo menos três horas.

Se pertencer ao elemento da terra (Touro, Virgem, Capricórnio), deixe seu cristal enterrado por vinte e quatro horas. Para finalizar o processo, lave o cristal em água pura.

Se pertencer ao elemento do ar (Gêmeos, Libra, Aquário), segure seu cristal na fumaça de uma vela acesa. Um método até melhor é segurá-lo na fumaça de um incenso.

Se pertencer ao elemento da água (Câncer, Escorpião, Peixes), segure seu cristal debaixo de água corrente. Água de torneira funcionará, mas, se possível, encontre um rio corrente ou cachoeira. Ou, lave-o no mar. Nesse caso, deve lavá-lo em água pura depois, a fim de eliminar qualquer resíduo de sal.

Se seu cristal ficar exposto a energias negativas, o melhor remédio é deixá-lo enterrado por alguns dias. Isso restaurará seu equilíbrio.

## Carregando seu Cristal

Uma vez que seu cristal foi purificado, você precisará carregá-lo a fim de preenchê-lo com energia natural. Há dois tipos de energia: masculina e feminina. O tipo de energia é determinado pela finalidade que pretende dedicar ao cristal. Se o está carregando para fins de proteção, escolha energia masculina. No entanto, caso seu objetivo seja melhorar a intuição, opte por energia feminina. Se quiser energia masculina, deixe seu cristal na luz do sol por algumas horas. Para energia feminina, coloque-o na luz lunar.

Deixar seu cristal na chuva ou mantê-lo fora de casa durante a noite para receber orvalho são maneiras eficientes de carregá-lo. Caso precise de muita energia, você deve expor seu cristal uma tempestade. Isso dará um abastecimento de poder virtualmente ilimitado. Se usar seu altar com frequência, pode carregar seus cristais colocando-os em cima do altar.

## Dedicando seu Cristal

Depois que seu cristal foi purificado e carregado, você pode dedicá-lo a qualquer finalidade. Naturalmente, para os propósitos deste livro, você o dedicará a Miguel.

Acenda duas velas, uma dourada e uma azul, e coloque-as em seu altar. Sente-se em frente ao seu altar com o cristal na palma da mão direita. Fique com as costas da mão direita na palma da mão esquerda.

Respire fundo três vezes soltando a respiração lentamente e depois convide Miguel para ficar junto de você. Quando sentir sua presença, levante as mãos por volta da altura do peito e diga: "Dedico-lhe este cristal, Miguel, para criar um laço estreito com você e fortalecer minha capacidade de receber sua orientação. Obrigado".

Ponha o cristal em seu altar e fite-o por alguns segundos. Agradeça a Miguel pela companhia. Assim que estiver pronto, apague as velas, mas deixe o cristal no altar por pelo menos vinte e quatro horas.

Agora que o cristal foi dedicado a Miguel, você pode ganhar uma conexão imediata com ele quando quiser, segurando o cristal. Pode também carregá-lo consigo se desejar. No entanto, ele deve estar envolto em roupa de seda ou colocado em uma pequena bolsa, a fim de evitar que contraia qualquer negatividade.

Mantenha esse cristal purificado e dedique-o outra vez ao sentir que está perdendo seu poder. É difícil, mas pode acontecer.

## Oração do Cristal

Gosto de realizar este ritual fora de casa nos meses de verão. Entretanto, ele pode ser feito em qualquer lugar a qualquer hora. Deite de costas e coloque um cristal de quartzo sobre seu coração. Respire fundo várias vezes e feche os olhos.

Comece a conversar com Miguel em voz alta ou mentalmente. Pode dizer o que quiser. Você pode rezar, fazer perguntas, pedir conselho ou agradecê-lo pelo seu amor e proteção. O cristal sobre o coração atua como um "amplificador psíquico", tornando fácil receber a resposta de Miguel.

## Meditação de Cura da Alma

Escolha dois cristais que lhe atraiam. Deixe sua intuição levar você até os dois cristais que serão mais benéficos ao realizar esta meditação.

Sente-se em uma cadeira confortável e segure um cristal em cada mão, de maneira relaxada. Respire fundo várias vezes e solte o ar devagar. Feche os olhos e deixe uma onda de relaxamento fluir pelo seu corpo. Pense em todas as bênçãos na sua vida e agradeça ao universo por recebê-las e desfrutar delas. Vagarosamente, descarte pensamentos negativos que possam vir à sua mente. Concentre-se nos positivos e perceberá como sua vida é rica de muitas formas.

Focalize-se nos cristais e note quaisquer sensações que receba deles. Pode vivenciar um pensamento, um sentimento ou uma emoção. Os cristais podem sentir-se aquecidos e confortáveis. Podem tilintar de leve. Não avalie essas respostas. Somente as aceite e perceba que depois pode analisar a experiência caso queira.

Peça para Miguel ficar junto a você e agradeça-lhe por toda a ajuda, o amor, o apoio e o conforto. Agradeça ao arcanjo por ajudar seus seres físicos, mentais, emocionais e espirituais.

Deixe-o tocar sua alma. Mais uma vez, pode vivenciá-lo de muitas maneiras diferentes. É como se uma descarga repentina de eletricidade passasse por você. Você pode sentir uma sensação incandescente (isso pode ser também uma experiência física, pois vi muitos alunos com rostos corados depois de realizarem esta meditação). Pode sentir uma sensação de que conseguirá qualquer coisa estabelecida em sua mente e de que todas as suas preocupações foram embora.

Fique nesse estado o quanto puder. Aproveite o sentimento de paz e de tranquilidade total e observe como a meditação está fazendo bem para sua alma e para todo o seu ser.

Quando sentir que o momento é adequado, respire fundo, segure a respiração por um instante e solte-a devagar. Agradeça a Miguel de novo, aperte os cristais e abra os olhos.

Espere um ou dois minutos para voltar ao mundo cotidiano. Você estará cheio de energia e se sentirá restaurado e revitalizado na mente, no corpo e no espírito.

Há sempre um grau de distorção do tempo com essa meditação. Às vezes, o ritual inteiro leva para mim cinco minutos, mas sinto como se tivesse durado meia hora. Em outras ocasiões, o mesmo ritual levará trinta ou quarenta minutos, porém sinto como se fossem apenas poucos minutos. Não tenho ideia por que isso ocorre. No entanto, aprendi a disponibilizar tempo suficiente para fazer essa meditação.

Os cristais lidam bem com os chacras e são frequentemente usados para equilibrá-los. Enfocaremos isso e discutiremos também como os chacras relacionam-se com o reino angelical, no capítulo seguinte.

# Capítulo 8

# Chacras

*Os chacras são* como centros de energia circulares, localizados na aura. Ajudam na transformação e distribuição de energias prânicas por todo o campo áurico. Conectam os corpos sutis e físicos, que é a razão pela qual nossas emoções são capazes de afetar nossos corpos físicos. Com frequência, são vistos como círculos de energia em rotação. De forma não surpreendente, chacra é uma palavra sânscrita que significa roda ou disco.

Os sete chacras principais estão localizados ao longo da espinha nas seguintes posições:

**1. Chacra Básico — base da espinha.**
Refere-se à sobrevivência, força e perdão. Cor: vermelho. Arcanjo: Sandalfon. Cristais: granada vermelha, jaspe, rubi.
**2. Chacra Sacro — os órgãos sexuais.**
Refere-se às emoções, sensualidade e sexualidade. Cor: laranja. Arcanjo: Chamuel. Cristais: âmbar, cornalina, calcita laranja, topázio.
**3. Chacra Solar — dois centímentros e meio abaixo do umbigo.**
Refere-se à autoestima e força de vontade. Cor: amarelo. Arcanjo: Uriel. Cristais: citrina, olho-de-tigre, jaspe amarelo.

**4. Chacra Cardíaco — centro do peito.**
Refere-se ao amor, compaixão e aceitação. Cor: verde. Arcanjo: Rafael. Cristais: esmeralda, jade, kunzita, aventurina.
**5. Chacra Laríngeo — a garganta.**
Refere-se à comunicação, verdade e criatividade. Cor: azul. Arcanjo: Miguel. Cristais: água-marinha, crisocola, lápis-lazúli e turquesa.
**6. Chacra Frontal — entre as sobrancelhas (terceiro olho).**
Refere-se à sabedoria, discernimento, intuição e imaginação. Cor: índigo. Arcanjo: Gabriel. Cristais: calcita azul, lápis-lazúli e turquesa.
**7. Chacra Coronário — em cima da cabeça.**

Refere-se à iluminação, compreensão e conhecimento. Cor: violeta. Arcanjo: Zadkiel. Cristais: ametista, selenita, charoíta.

Quando um chacra está bloqueado ou fechado, a pessoa não é capaz de fazer pleno uso da energia disponível para essa parte específica da sua vida. Se, por exemplo, o chacra da garganta está bloqueado, a pessoa será retraída, tímida e terá dificuldade para de se expressar. O contrário também pode ocorrer. Quando esse chacra está bem evidente, a pessoa falará tanto que não poderá ouvir nada que alguém diz. Isso é feito na perda dos outros chacras, que serão deficientes. Estas oposições causam problemas que não terão alívio até o chacra da garganta ser trazido de novo ao equilíbrio.

O chacra da garganta também se refere à criatividade, outra forma de comunicação. Quando esse chacra está bloqueado ou bem evidente, o potencial criativo é diminuído e dissipado.

Usei o chacra da garganta como um exemplo, pois esse é o chacra regido pelo Arcanjo Miguel. Cada chacra é tão importante como qualquer outro. Qualquer chacra bloqueado sofre impacto na eficiência de todos os outros.

## Sentindo o Chacra

Você precisará de um parceiro para este exercício. Seu parceiro deve usar roupas largas e confortáveis e pode se deitar de frente ou de costas, já que os chacras podem ser sentidos de ambos os lados da espinha.

Comece realizando o ritual de proteção e esfregue as mãos rapidamente. Ajoelhe-se do lado de seu parceiro e mantenha as mãos alguns centímetros acima do corpo dele (a) na base da espinha. Veja se pode sentir a energia do chacra nas palmas das mãos. Mova as mãos para mais perto ou longe espinha, até achar a posição que permita sentir melhor o chacra.

Uma vez que sentiu o chacra-raiz, movimente suas mãos para cima até o chacra sacro, que fica um pouco abaixo do umbigo. De novo, tente com sua mão posições até que possa sentir o chacra. Continue agindo assim até identificar os sete chacras.

Realizado isso com sucesso, troque de lugar com seu parceiro para que ele localize seus chacras.

Seus chacras se espalham a partir de seu corpo como funis ou cones. Com prática, poderá senti-los quando as mãos estiverem vários centímetros longe do corpo.

## Meditação de Equilíbrio de Chacra

Como você sabe, cada arcanjo cuida de uma chacra. Esta meditação permite usar energia angelical para equilibrar e restaurar seus chacras. Se perceber que um chacra específico está fora de equilíbrio, coloque um cristal relacionado a ele em seu corpo sobre a área específica.

Caso deseje, use incenso ou óleos essenciais. Você pode também acender uma vela e colocar uma música suave. Faça as preparações que julgar necessárias para assegurar uma meditação de sucesso.

Vista roupas largas e verifique se o quarto está razoavelmente quente. O melhor lugar para realizar este ritual é em frente ao seu altar, mas qualquer local serve, contanto que você se sinta seguro e confiante, e que não seja interrompido.

Deite de costas com as mãos ao longo do corpo e respire fundo. Peça a proteção de Miguel enquanto faz essa meditação. Visualize-se cercado por uma pura luz branca protetora.

Quando estiver pronto, focalize-se em seu chacra básico. Imagine essa parte do corpo cercada por um brilho vermelho bonito. Caso queira, coloque as mãos sobre essa área. Peça a Miguel para apresentar você ao Arcanjo Sandalfon. Peça-lhe para purificar, restaurar e equilibrar o chacra básico. Como Sandalfon executa essa tarefa, aproveite as sensações de segurança enquanto se fortalece outra vez.

Uma vez que Sandalfon tiver terminado, concentre-se em seu chacra sacro. Visualize essa área coberta em um brilho laranja bonito. De novo, deixe as mãos sobre esta área se quiser. Peça a Miguel para apresentar você ao Arcanjo Chamuel, o anjo do amor incondicional. Relaxe e deixe Chamuel equilibrar e revitalizar o chacra sacro.

Deixe Chamuel pelo maior tempo necessário antes de se fixar em seu chacra solar. Imagine essa área cercada por um raio amarelo esplêndido. Coloque as mãos no plexo solar se desejar. Peça para Miguel apresentar você a Uriel, arcanjo da paz. Deixe Uriel equilibrar esse chacra, eliminando mágoas e medos e substituindo-os por paz e harmonia.

Quando Uriel terminar, destine a atenção ao seu chacra cardíaco, que é cercado por um verde bonito e tranquilo. Outra vez, coloque as mãos sobre essa área se quiser. Peça para Miguel apresentar você a Rafael, arcanjo da cura e integralidade. Peça-lhe para equilibrar e curar o chacra cardíaco. Descobri que muitas pessoas consideram o equilíbrio desse chacra altamente emocional. Não se preocupe se isso acontecer. Deixe sair toda a emoção necessária antes de ir para o próximo chacra.

Focalize-se em sua garganta e imagine-a cercada por um raio de luz azul mais claro e bonito. Coloque as mãos na garganta se sentir que isso ajudará a visualizá-la melhor. Esse é o chacra que Miguel cuida. Relaxe e deixe Miguel equilibrar e restaurar esse chacra para você. Depois que ele fez isso, agradeça pela ajuda.

Assim que se sentir pronto, destine a atenção ao seu chacra frontal. Visualize essa área cercada pela cor índigo escura e pura. Delicadamente, deixe as mãos nessa área se quiser. Peça para Miguel apresentar você a Gabriel, arcanjo da alma. Sinta a intuição florescer enquanto Gabriel equilibra o chacra do terceiro olho.

Falta apenas um chacra. Quando estiver pronto, concentre-se no chacra coronário, em cima da cabeça. Deixe as mãos nessa área se quiser. Imagine o topo da sua cabeça cercado de modo pleno por um intenso brilho violeta. Peça para Miguel apresentar você a Zadkiel, arcanjo do perdão. Deixe um sentimento de paz e tranquilidade espalhar-se pelo corpo inteiro enquanto Zadkiel restaura e equilibra o chacra coronário.

Uma vez que ele o fez, agradeça a cada arcanjo individualmente. Imagine-se cercado pela energia vermelha enquanto agradece ao Arcanjo Sandalfon. Visualize-se cercado pela luz laranja enquanto agradece a Chamuel. Vá direto pelo arco-íris, imaginando-se banhado por cada cor enquanto agradece aos diferentes arcanjos.

Relaxe e reviva a experiência no olho de sua mente. Quando estiver pronto, respire fundo três vezes, abra os olhos e levante-se. Sentirá revitalização no corpo, na mente e na alma depois dessa meditação. Os chacras estarão equilibrados e você se sentirá otimista, entusiasmado e cheio de energia. Assuntos que antes pareciam importantes, agora parecerão triviais e sem importância. Você se sentirá pronto para conseguir qualquer coisa.

Por fim, escreva quaisquer discernimentos que aconteceram com você durante o processo.

Repita essa meditação com a maior frequência possível. Uma vez por semana seria perfeito, mas faça de modo mais habitual se estiver passando por problemas em sua vida, como estresse ou tumulto emocional.

## Quando Você Está Triste

É altamente condizente que a cor de Miguel é azul, pois pode ser usada de muitas maneiras. Olhar para o azul na Natureza pode fortalecer o laço entre você e Miguel. Este laço também pode ser utilizado para fins de cura. Índigo dá energia com poderes de cura a partir da terra. O índigo azul é também calmo, relaxante e tranquilo, além de fornecer sabedoria. O azul-escuro é cicatrizante na Natureza e permite que elimine mágoas passadas. Também provê proteção. Quando sentir necessidade de aumento de proteção, visualize-se dentro de uma grande bolha azul-escura. O céu azul proporciona energia com poderes de cura a partir do ar. Também faz lembrar que o céu é o limite. Não importa o que aconteceu com você ontem, hoje é um novo dia especial, e o céu azul deixa que sinta o amor e a proteção de Miguel e perceba que hoje pode ter um sucesso esplêndido.

Aqui está um exercício interessante que usa a energia azul de seu chacra laríngeo:

1. Deite-se de costas com braços e pernas separados. Feche os olhos, respire um pouco fundo, relaxe e enfoque seu íntimo.
2. Visualize-se dentro de uma grande bolha de luz branca protetora e clara. Uma vez que se sinta seguro de sua proteção dentro dessa bolha, imagine uma coluna vertical dentro de seu corpo. A coluna se expande para baixo desde o topo da cabeça até a base da espinha. Ela passa em cada chacra.

3. Visualize Miguel do seu lado. Ele está fitando você com amor e compaixão. Está ali para restaurar o corpo, a mente e a alma. No olho da mente, imagine-o de joelhos do seu lado e tocando em cima de sua cabeça de modo suave. Veja uma energia azul-escura radiante que entra no corpo por meio do topo da cabeça e filtra aos poucos a coluna vertical, preenchendo cada chacra com energia curativa, enquanto vai embora. Por fim, a energia azul atinge o chacra básico e se propaga devagar a partir de cada chacra, misturando gradualmente todas as células em seu corpo com a energia restauradora de Miguel.

4. Finalmente, seu corpo físico está cheio da energia de Miguel, porém mais energia azul continua a entrar em seu corpo a partir do topo da cabeça. Ela flui até o chacra laríngeo e se espalha para a bolha da clara luz branca que envolve você. Só quando essa bolha está cheia de energia azul, Miguel tira a mão de sua cabeça.

5. Fale com Miguel, agradecendo por preencher você com essa energia restauradora e por dar proteção e amor. Peça-lhe para ajudar a consumar seu potencial e se tornar bem melhor do que é. Converse com Miguel pelo tempo que desejar.

6. Diga até logo e veja Miguel partir. Desfrute dos sentimentos de segurança, de certeza e de energia pelo tempo que quiser. Quando estiver pronto, conte devagar de um até cinco, abra os olhos, espreguice-se e fique deitado por pelo menos trinta segundos antes de se levantar.

Você achará esse exercício muito benéfico. Ele dá energia e proteção, mas lhe ajuda também a perceber que você é capaz de atingir qualquer coisa estabelecida em sua mente. Portanto, você deve realizar esse exercício de chacra com frequência.

## O Manto Azul de Miguel

Quando precisar de proteção para si mesmo ou para outras pessoas, invoque Miguel e peça-lhe para envolver a pessoa que pede proteção com seu manto azul protetor. Visualize a pessoa que quer proteger coberta por inteiro, da cabeça aos pés, em um bonito manto azul-escuro.

Se o fizer para si mesmo, visualize-se coberto no manto de proteção. Depois, imagine a energia azul vindo de seu chacra laríngeo e se espalhando com rapidez pelo corpo todo, até que esteja completamente cercado pela energia protetora de Miguel, por dentro e por fora. Quando a necessidade de proteção acabar, agradeça a Miguel por tê-la dado e tire o manto mentalmente.

Gosto da ideia de um manto de proteção. Muitos alunos meus preferem envolver-se com bolha ou círculo de proteção. Isso também é bom, pois os dois métodos funcionam de maneira idêntica. Use qualquer um que preferir.

# Capítulo 9

# Sonhando com Miguel

*Muitas pessoas passam* cerca de um terço de suas vidas dormindo. Embora possa parecer uma enorme perda de tempo, dormir é essencial para a saúde e o bem-estar. Esse período de descanso é o tempo que o corpo precisa para restaurar-se. Se você não dorme o suficiente à noite, ficará sonolento no dia seguinte e não será capaz de desempenhar bem suas atividades. A quantidade de sono necessária varia entre as pessoas. Algumas conseguem perfeitamente dormir quatro ou cinco horas por noite, enquanto outras precisam de mais de nove. Mas a maioria necessita de sete ou oito horas de sono por noite.

Porém, mesmo quando você adormece, o corpo e a mente ainda ficam ativos. Por exemplo, há quatro ou cinco períodos de sono de *REM* (*Rapid Eye Movement* – movimento rápido do olho) a cada noite. É nesses períodos que seus sonhos importantes acontecem. Em uma época, pensou-se que não sonhávamos durante a ausência do período de *REM*. No entanto, hoje é sabido que temos sonhos rotineiros e sem importância nessa ausência de *REM*. Todos os mamíferos vivenciam a presença e a ausência de *REM* em seu sono, o que demonstra ser uma parte normal e essencial da vida.

As pessoas estão sempre fascinadas com os sonhos. Os antigos egípcios os estudaram seis mil anos atrás e registraram suas descobertas. Os gregos também eram tão interessados que Zeus, pai dos deuses, teve um filho chamado Morfeus, deus dos sonhos. Muitos dos santuários gregos eram locais para onde as pessoas se dirigiam com a finalidade de ter a interpretação de seus sonhos. Os antigos chineses, uma das mais remotas civilizações, também se interessaram pela interpretação de sonhos.

O primeiro livro a respeito de interpretações de sonhos, chamado *Oneirocriticia* e escrito por Artemidous, data do século IV d.C.[55] Textos religiosos antigos contêm muitas referências a sonhos e seus significados. Exemplos incluem a Bíblia, a Bhagavad-Gita, o I Ching, o Alcorão, o Livro da Morte e a Torá.

Em uma época, os sonhos eram parte importante do Cristianismo. Numerosos sonhos são mencionados na Bíblia e parece que Deus e seus anjos se comunicavam regularmente com as pessoas em sonhos. O anjo de Deus, por exemplo, falou com Jacob em sonho (Gênesis 31:11) e o próprio Deus veio até Salomão em sonho (I Reis 3:5). O exemplo mais famoso é aquele em que o anjo de Deus apareceu para José em sonho. O anjo falou para ele: "José, filho de Davi, não temas receber Maria como esposa, pois o que nela foi concebido vem do Espírito Santo" (Mateus 1:20). O sonho de Pedro em Joppa (Atos 11: 5-10) foi bem responsável pela mudança de atitude da nova igreja acerca de leis de sistema dietético.

Nessa época, como hoje, muitas pessoas recusavam-se a ouvir. No Livro de Jó (33:14-16), lemos: "Pois Deus fala de uma maneira e de outra e não prestas atenção. Por meio dos sonhos das visões noturnas, quando um sono profundo pesa sobre os humanos, enquanto o homem está adormecido em seu leito, então abre o ouvido do homem e o assusta com suas aparições".

Muitos cristãos antigos estudaram seus sonhos para tentar entender como Deus atuava em suas vidas. Portanto, os sonho

---

55. Tara Ward, *Meditation and Dreamwork* Londres, *UK*: Arcturus Publishing Limited, 2001, 249.

eram considerados importantíssimos por pelo menos cinco séculos após o nascimento de Cristo. São João Crisóstomo (c.347 – 407), um dos antigos padres da igreja alegou que para Deus bastava enviar os sonhos àqueles que nele acreditavam e assim não precisariam de visões ou formas mais surpreendentes de revelação divina.[56] Sua obra deve ter confortado muitas pessoas, ao citar que não somos moralmente responsáveis por algo que ocorre em nossos sonhos pelo fato de serem simbólicos, em vez de reais. Origen (c.185 – c.254) creu que Deus falava em sonhos para beneficiar não apenas o sonhador, mas também as outras pessoas com as quais ele falou a respeito do sonho.[57]

Synesius de Cirene acreditou que os sonhos davam esperança. "Quando o coração apresenta esperança para nós de forma espontânea, como acontece quando dormimos, temos então um compromisso da divindade na promessa de nossos sonhos."[58]

Se esse foi o ponto de vista cristão durante quinhentos anos, por que mudou de repente? As pesquisas de Morton Kelsey e John Sanford podem fornecer a resposta. Eles descobriram que, quando traduziu a Bíblia para o latim, São Jerônimo (c.342 – 420) verteu uma palavra hebreia várias vezes de modo errôneo para que a obra do sonho fosse proibida.[59] A tradução de São Jerônimo tornou-se conhecida como a Bíblia Vulgata e teve grande efeito no desenvolvimento da Igreja Cristã.

São Gregório (c.540 – 604), conhecido como São Gregório, o Grande, foi papa durante os últimos catorze anos de sua vida. Escreveu muito e criou os princípios e o dogma que a Igreja Católica usa desde aquela época. Em uma de suas obras, afirmou o valor

---

56. John Chrysostum, *Homilies on Matthew*, IV nº. 18, v .5.
57. Origen, *Against Celsus*, VI, 21-23.
58. Augustine Fitzgerald, *The Essays and Hymns of Synesius of Cyrene*. Londres, UK: Oxford University Press, 1930, 345.
59. Para mais informações a esse respeito, veja: Morton Kelsey, *Gods, Dreams and Revelation*. Minneapolis, MN: Augsburb Publishing House, 1968 e John A. Sanford, *Dreams: God's Forgotten Language*. New York, NY: Lippincott and Company, 1968.

dos sonhos, porém, posteriormente escreveu acerca do assunto de novo, alertando as pessoas a depositarem fé em seus sonhos.

Portanto, os sonhos, tão importantes na igreja antiga, foram esquecidos aos poucos até o século XX, quando os psicanalistas começaram a ter interesse por eles. Sigmund Freud (1856–1939), por exemplo, baseou de forma abrangente suas análises nas interpretações dos sonhos de seus clientes.

Carl Jung (1875–1961) considerou que os sonhos consistiam em energia psicológica e espiritual. Desenvolveu métodos de lidar com sonhos. Esses métodos relacionam-se com os que foram usados nos primeiros séculos da Igreja Cristã. Por exemplo, Jung acreditava que a melhor pessoa para interpretar um sonho sempre era o sonhador. Esse aspecto está em sincronia com o pensamento da igreja antiga.

Hoje, os estudiosos bíblicos estão outra vez olhando com seriedade os sonhos como meio de comunicação com o divino. Afinal, Deus e seus anjos falavam de forma direta com as pessoas no passado, em sonhos. Não há razão para que essa forma de comunicação não possa ser usada nos dias atuais.

## Como Lembrar de seus Sonhos

Todas as pessoas sonham. Na verdade, se não sonhasse, você se tornaria mentalmente indisposto. Muitas pessoas alegam que não sonham porque não se lembram. No entanto, é possível que todos aprendam como recordar de seus sonhos e a obter todos os benefícios que a lembrança do sonho oferece.

O método mais útil que encontrei é manter um diário de sonhos do lado da minha cama. Logo que acordo, mesmo que no meio da noite, faço anotações a respeito de sonhos que posso recordar. Como procedo assim, muitas lembranças vêm à minha mente e escrevo também sobre delas. Meus conhecidos que tentaram ter um diário de sonhos acharam proveitoso usá-lo.

Gosto de anotar meus pensamentos. Você pode preferir gravar em uma fita cassete e transcrevê-los mais tarde para o seu diário de sonhos. Se o fizer, assegure-se de que transcreve suas mensagens palavra por palavra, pois algum significado pode perder-se caso tente arrumar de novo as palavras para a leitura da mensagem fluir melhor. Seu diário de sonhos é, ou deveria ser, particular e você precisa ser bem honesto em tudo o que registrar nele.

Outro método é falar para si próprio, antes de adormecer, que sonhará e se lembrará do sonho no período da manhã. Com frequência, digo a mim mesmo que sonharei com um assunto específico e que me lembrarei dele.

Algumas pessoas acham benéfico relatar seus sonhos. Quando estão contando o sonho outra vez, recordam-se de detalhes antes esquecidos. Infelizmente, muitos sonhos são tediosos para outras pessoas, então você precisa escolher com cuidado para quem falar.

Às vezes, você acordará depois de ter acabado de sonhar. Sabe que estava sonhando, mas não consegue se lembrar. Um método útil de relembrá-lo é deitar-se de forma tranquila, sem mudar de posição, e ver o que vem à sua mente.

Em geral, o primeiro pensamento que vem à sua mente depois de acordar será relacionado a um sonho. Se refletir acerca de tal pensamento, você se lembrará sempre da parte final do sonho, o que permitirá recordar tudo.

Algumas pessoas consideram útil sentar ou levantar assim que abrem os olhos. A análise lógica subjacente a essa prática é o que força a acordarem totalmente. Lembram do sonho e o anotam.

Acho que o oposto se adapta melhor a mim. Tenho mais sucesso em lembrar de meus sonhos quando fico deitado na cama de modo tranquilo com os olhos fechados. Esmiúço bastante o sonho o quanto for possível para esclarecê-lo em minha mente. Ao ter a certeza de que me lembrei de todos os detalhes relevantes, abro os olhos e escrevo no diário de sonhos.

Tente e veja quais métodos funcionam melhor para você. Não se preocupe quando não lembrar de algo. Você tem vários sonhos todas as noites, então apenas tente de novo nas noites seguintes. Com prática, você se lembrará deles quase todas as noites e seu diário de sonhos se tornará cada vez mais valioso com o passar do tempo.

Há muitos métodos de ter contato com Miguel em sonho.

## Pedido de Sonho

O método mais simples é fazer um pedido a Miguel antes de adormecer. Talvez prefira escrever sua pergunta ou seu pedido, pôr dentro de um envelope endereçado a Miguel e colocar debaixo do travesseiro. Uma conhecida minha escreve cartas para Miguel na forma de pequenos poemas. Da mesma maneira que a coloca debaixo do travesseiro, ela também diz de modo silencioso o poema para si mesma repetidas vezes enquanto está adormecendo. Ela alega que seus pedidos poéticos são sempre atendidos. Naturalmente, você não tem de escrever um poema. Escreva uma carta a Miguel como se o fizesse para um melhor amigo.

Mesmo se não escrever o pedido no papel, uma boa ideia é pensar no que quer enquanto começa a dormir. Isso penetrará em seu subconsciente.

Ao acordar pela manhã, a resposta para sua pergunta talvez estará em sua mente. Se mantiver um diário de sonhos ao lado da cama, será capaz de escrever a respeito de algo que aconteceu com você logo que despertar. Como sabe, os sonhos somem e da memória, principalmente se precisamos saltar da cama e ficar prontos para um dia de trabalho.

Uma de minhas alunas teve uma experiência interessante enquanto lidava com isso. A empresa para a qual trabalhava estava sendo vendida e Lydia estava preocupada pois teria de encontrar um novo emprego. Escreveu uma carta a Miguel, falando de suas preocupações, e dormiu sobre ela. Na primeira manhã, Lydia não recebeu resposta. No entanto, na manhã seguinte, lembrou de um sonho em que trabalhava com uma colega de trabalho em um novo laboratório.

Lydia ficou entusiasmada e ansiosa com isso. Conhecia a pessoa com quem sonhou, mas conversava com ela apenas de vez em quando, pois trabalhavam em departamentos diferentes. Pareceu estranho que, em sonho, estivessem juntas no mesmo serviço.

Depois de pensar no assunto por toda a manhã, Lydia decidiu que não tinha nada a perder e foi ver a pessoa com a qual trabalhava no sonho. Logo que Lydia começou a falar a respeito, a senhora colocou o dedo nos lábios e fechou a porta. Foi confirmado que ela estava montando sua própria empresa e procurando bons funcionários. De imediato, ofereceu uma oportunidade de trabalho a Lydia.

Lydia atribui a Miguel o fato de ter encontrado seu novo emprego.

— Em milhares de anos, nunca teria ido falar com Carol se ela não tivesse aparecido em meu sonho. Mal a conhecia. Por que apareceu em sonho no exato momento que eu pedia a ajuda de Miguel? A resposta é óbvia, pelo menos para mim. Invoquei o auxílio de Miguel e ele deu a resposta — disse ela.

Lydia não pediu resposta na forma de um sonho. No entanto, a resposta para o pedido desse tipo virá com frequência na forma de um sonho relevante. Em outros momentos, a resposta aparecerá em sua mente, seja quando acorda, seja no dia em que está lidando com algo totalmente sem relação com o problema.

## Sonhos Proféticos

Há muitos exemplos famosos de sonhos proféticos. Calpurnia, esposa de Júlio César, sonhou que seu marido deveria ter cautela com os Idos (o 15º dia, conforme o antigo calendário Romano) de março. Infelizmente, embora César fizesse bom proveito dos próprios sonhos, ignorou esse em particular e pagou o preço final. Abraham Lincoln sonhou com o próprio enterro logo antes de seu assassinato. Charles Dickens viveu um caso mais típico de sonho profético. Sonhou com uma mulher chamada Miss Napier, que usava xale vermelho. Ele se surpreendeu quando acordou de manhã, pois não conhecia ninguém com esse nome. Na noite seguinte, Charles Dickens foi apresentado a uma mulher com o nome de Miss Napier e ela estava usando um xale vermelho.[60]

Se você utilizar o seu diário de sonhos, descobrirá que muitos de seus sonhos são proféticos. Depois que comecei a conservar um diário de sonhos, sonhei que estava tomando uma xícara de café com meu velho amigo da escola. Não via esse amigo havia mais de dez anos, então fiquei surpreso quando dei de cara com ele poucas semanas depois. Fomos a uma cafeteria para colocarmos o papo em dia. Se eu não tivesse escrito esse sonho no diário, não saberia o quanto fora profético. Sonhos proféticos podem ser menos importantes, como o meu sonho, ou de grande importância. Os sonhos de Calpurnia e Abraham Lincoln não poderiam ter sido mais importantes.

Miguel pode ajudar a ter sonhos proféticos que darão discernimentos para o futuro. Ao deitar-se à noite, peça para Miguel conceder um sonho que mostre com precisão como será sua vida no futuro caso você aja de determinada maneira.

Escreva tudo o que conseguir lembrar logo que acordar de manhã. Às vezes, você escreverá bastante, mas, em outras ocasiões, será difícil lembrar de algo importante. Faça seus pedidos por vários dias seguidos. Depois de uma semana, seus sonhos devem ter dado uma boa indicação de como os assuntos se confirmarão. Com essa informação, pode decidir se fará ou não a mudança que esteve considerando.

---

60. Walter Franklin Price, *Noted Witnesses for Psychic Occurrences*. New Hide Park, NY: University Books, Inc., 1963, 157. (Publicado originalmente por Boston Society for Psychic Research, 1928).

Um jovem amigo meu decidira trancar um ano da faculdade para, como expressou, "viver a vida". Como faltava um ano para terminar seu curso, sugeri que pedisse a Miguel um sonho profético.

Thomas não conseguiu se lembrar de seus sonhos nas primeiras três noites, mas, na quarta noite, teve um sonho tão incômodo que mudou de ideia. Voltou à faculdade para cursar o último ano e concluiu sua graduação. Alguns meses depois, ele me contou o que havia sonhado.

— Foi assustador. No meu sonho, viajava pelo mundo e vivia um grande momento. Mas, quando retornei para casa, não voltei para a faculdade. Trabalhava durante longas horas em uma loja de móveis, zangado por não ter finalizado meu curso universitário, e culpava a todos pelo que havia feito.

Hoje, Thomas é um advogado de sucesso. Agradece a Miguel por tê-lo mostrado como foi importante terminar sua graduação para só depois começar a "viver a vida".

## Sonho Lúcido

Sonho lúcido ocorre quando você tem consciência de que está sonhando, e pode participar do sonho e direcioná-lo para onde quiser. Muitas pessoas o vivenciam espontaneamente de vez em quando. No entanto, é uma habilidade que qualquer um pode desenvolver. O termo "sonho lúcido" foi inventado por Frederik Van Eeden, pesquisador e físico holandês, que teve seu primeiro sonho lúcido em 1897.[61] Ele escreveu um longo artigo em relação ao assunto nas Atas da Sociedade para Pesquisa Psíquica, em 1913. Infelizmente, Eeden era moderno para aquela época, e muitas décadas decorreram antes de os cientistas começarem a examinar esse fenômeno.

---

61. John Travers, *Dreamworking*. Londons, *UK*: G. Child and Company, Limited, 1978, 243.

Embora aparentemente todos possam aprender a respeito de sonho lúcido, pessoas que meditam e se lembram com frequência de seus sonhos têm mais facilidade para ter sonhos lúcidos do que aquelas que não prestam atenção em sonhos.[62]

A primeira etapa para que ele ocorra é ter um sonho e notar, no meio dele, que está sonhando. Muitas pessoas acordam quando atingem esse estado. Entretanto, com prática, você pode permanecer no sonho e ver para onde ele o leva ou mesmo conduzir o sonho para qualquer direção. Pode também querer ficar com o tema do sonho em questão e torná-lo mais otimista e agradável. Esse é o caso principalmente com sonhos eróticos. Poderia querer mudar o local e os acontecimentos do sonho de forma completa. Pode viajar de um lugar para outro ao longo do tempo, visitar pessoas que morreram há muitos anos e conversar com elas, ir a lugares que sempre quis conhecer neste planeta ou em qualquer lugar e fazer qualquer coisa que tenha vontade. Naturalmente, também pode usar seus sonhos lúcidos para passar o tempo com Miguel.

É claro que talvez não queira esperar até que vivencie um sonho lúcido. Felizmente, há muitas coisas que estimulam a sua ocorrência.

Leia o máximo que puder a respeito do assunto. Essa prática impulsiona a ocorrência de sonhos lúcidos. Se mantiver um diário de sonhos, poderá considerar útil ler a respeito de seus sonhos passados, pois pode ter tido, de modo acidental, muitos sonhos lúcidos sem que percebesse. Estar voando, por exemplo, é, às vezes, um exemplo de sonho lúcido.

Antes de adormecer você pode dizer a si mesmo que terá um sonho lúcido durante a noite, e usará isso para alcançar determinado objetivo. Esse método funciona bem para algumas pessoas, mas acho que funciona para mim apenas por algum tempo.

Outro método que muitas pessoas julgam útil é dizer para si mesmas que, quando virem suas mãos em um sonho, começarão

---

62. Jayne Gackenbach e Jane Bosveld, *Control Your Dreams*. New York, NY: Harper & Row, Publishers, Inc., 1989, 166-167.

a ter de imediato sonhos lúcidos. De novo, acho que esse método funcionou para mim apenas por algum tempo.

O método mais confiável que encontrei é o de ajustar meu despertador para que me acorde por volta de quatro horas após ter ido dormir. Quando toca, eu o desligo e, caso esteja sonhando, retorno ao meu sonho.

Nas primeiras vezes que tentar isso, talvez achará que sua consciência de estar tendo sonhos lúcidos despertará você. No entanto, uma vez que tenha passado por essa etapa, não considerará difícil conduzir seu sonho em qualquer direção desejada.

Para os propósitos deste livro, admitirei que você está tendo sonho lúcido com a intenção de passar o tempo com Miguel. Antes de tentar contatá-lo dessa maneira, pense onde gostaria de encontrá-lo. Gostaria de caminhar com ele por uma praia tranquila? Poderia preferir uma floresta, ou talvez escolher um nobre rio ou pico de montanha oferecendo visões empolgantes. Poderia optar por sua sala de estar, ou local de trabalho, se quiser. Não importa o lugar que escolha, mas uma boa ideia é decidir com antecedência, para que se encontrem em um local confortável para você.

Considere as perguntas que deseja fazer para Miguel. Mais uma vez, é melhor pensar nisso com antecipação, para não perder tempo.

Ao saber que está tendo sonho lúcido, pense na sua necessidade de comunicar-se com Miguel. Pode presenciá-lo de forma imediata. Entretanto, pode sentir como se estivesse voando por alguns segundos antes de se encontrar com ele.

Após ter feito perguntas e escutado as respostas, peça mais conselhos a Miguel. Agradeça-lhe pelo tempo e orientação e depois se despeça. Com frequência, seu sonho terminará nesse ponto e você será conduzido para um sono profundo. De vez em quando, será capaz de direcionar o sonho para qualquer lugar. Quando isso acontece, eu me imagino dormindo profundamente. Dentro de mais ou menos um minuto, é o que acontece.

Quando acordar de manhã, passe alguns minutos revivendo o sonho antes de sair da cama. Registre tudo o que lembrar em seu diário de sonhos e acrescente detalhes que possam vir à sua mente mais tarde.

Os sonhos fornecem wwuma ligação vital com nossos seres internos. Lidar com sonhos é útil em muitos níveis. Ajuda na autocompreensão e aceitação. Os sonhos ajudam-nos a alcançar o pleno potencial. Também permitem que nos comuniquemos com o divino.

Há 150 anos, *In Walden, or Life in the Woods* (1854), Henry David Thoreau (1817–62) escreveu: "Se avançar confiante na direção de seus sonhos e se empenhar a viver o que imaginou, o homem terá um sucesso que não espera no dia-a-dia."

# Capítulo 10

# Como Apresentar Miguel a Outras Pessoas

*Muitas pessoas começam* a lidar com arcanjos por conta própria. Algo desperta um interesse inicial pelo assunto e a pessoa vai para um mundo excitante de novas descobertas e experiências. É natural querer compartilhar a empolgação dessas descobertas com outras pessoas. No entanto, como cada qual é diferente, você encontrará algumas que serão receptivas, enquanto outras podem ser totalmente contrárias ao seu novo interesse. Pode ser decepcionante quando alguém querido não está interessado por algo que, para você, é de vital importância. Porém, nada se consegue tentando forçá-las a aceitar sua forma de pensar.

É bem melhor aceitar a discordância e deixar que fiquem curiosas aos poucos, quando começarem a observar mudanças benéficas acontecendo com você. Até então, é melhor pecar pele precaução. É lógico, responda às suas perguntas e explique por que age de certa forma, mas não demonstre tanta ansiedade em despertar o interesse delas pelo que está fazendo. Suas respostas podem satisfazê-las e ser tudo o que queriam saber. Entretanto, se continuarem a perguntar, responda com o uso de sua melhor habilidade e sugira lugares, como livrarias e internet, onde podem encontrar mais informações.

Você se deparará com alguns que pensam que você faz a obra do diabo e está no mau caminho. Descobri, por experiência, que essas pessoas não ouvirão seu ponto de vista e se interessam apenas em obrigar você a aceitar suas crenças. Como é impossível ter uma discussão racional nessa base, é melhor não participar de conversa que terminará em desentendimento. Seja gentil com essas pessoas. Elas acreditam, de modo genuíno, que estão fazendo a coisa certa.

De forma confiante, encontrará alguém que está tão interessado quanto você e vocês serão capazes de promover suas descobertas juntos. Muitos rituais neste livro podem ser realizados com duas ou mais pessoas. Com frequência, os resultados são surpreendentes. Muito do que realizo faço-o por conta própria, mas sempre percebi que, quando conduzo um ritual com outras pessoas, os resultados são mais marcantes e dramáticos. Portanto, estou convencido de que um mais um é sempre igual a três, quatro e, às vezes, até cinco.

Há muitos anos, eu tinha de ter cuidado com o que dizia em público, pois não havia a mesma aceitação da nova era como hoje. Nos dias atuais, posso falar com liberdade e isso sempre me dá a oportunidade de apresentar outras pessoas ao reino angelical.

Há pouco tempo, encontrei um amigo meu no parque, antes de um concerto de verão. Chegamos cedo para pegar bons lugares e ele e a família fizeram o mesmo. Conversávamos a respeito de anjos, e sua esposa citou que estava lidando com Rafael, pois precisava de cura. As pessoas que estavam sentadas dos nossos lados participaram da conversa e tive a chance de apresentar a várias pessoas um assunto que podem não ter cogitado antes.

Não considero situações como esta, como simples coincidências. Geralmente, as pessoas às quais me dirijo estão prontas a serem apresentadas ao reino angelical e apenas sirvo como motivação para que levem o assunto mais adiante. A mesma coisa acontecerá com você enquanto continua suas próprias pesquisas. Se meu amigo não tivesse comentado a respeito do assunto, talvez eu não tivesse falado e as outras pessoas ainda não saberiam de nada. É evidente que se o assunto não lhes tivesse interessado, elas não teriam participado da conversa. Acredito que estavam prontas para aprender e foi um feliz acaso o fato de se sentarem perto de nós.

Às vezes, o assunto muda para anjos quando estou ministrando aula sobre um assunto totalmente diferente. Nessa situação, converso de maneira feliz a respeito de anjos, se for adequado. De novo, essa situação, às vezes, coloca as pessoas perante um assunto sobre o qual não tinham pensado antes.

Alguns anos atrás, fui de avião de Los Angeles até Toronto. Essa longa viagem foi muito agradável, pois a senhora que estava ao meu lado e eu conversamos a respeito de anjos durante quase toda a viagem. Não me lembro como o assunto começou, mas desfrutamos de uma conversa fascinante e aprendemos um com o outro.

Você será capaz de ajudar muitas pessoas com o seu conhecimento de anjos e arcanjos. Haverá uma tendência de querer conversar sobre eles com todo mundo. Resista, porém fique atento às oportunidades de discuti-los com quem esteja seriamente interessado e possa beneficiar-se da informação. Ficará surpreso com o surgimento de várias oportunidades para falar a respeito de anjos com outras pessoas. Este é um bom exemplo do universo em atividade.

# Capítulo 11

# Como Encontrar Miguel dentro de Você

*Às vezes, as pessoas riem* quando sugiro que busquem Miguel dentro de si mesmas. Imaginam o Miguel físico, mas não consideram os vários atributos dele que já possuem.

Miguel é o arcanjo da coragem, da força, da verdade, da integridade e da proteção. Quer perceba ou não, você possui todas essas qualidades em seu ser. É lógico que algumas podem estar ocultas e Miguel quer ajudar a lidar com qualquer uma que seja deficiente. Tudo que você deve fazer é pedir.

Não há necessidade de esperar para pedir uma qualidade específica. Obviamente, é melhor criar coragem e força antes de ficar enfraquecido emocionalmente, pois será capaz de lidar com a situação com menos estresse e desconforto.

Porém, nunca é muito tarde para pedir ajuda de Miguel. Adelina, uma mulher com quem trabalhei muitos anos atrás, era uma mentirosa habitual. Mentiria mesmo sem necessidade. Era encantadora, agradável e bastante extrovertida. No entanto, poucas de suas amizades se conservaram, pois as pessoas tinham a tendência de evitá-la, ao descobrirem que ela nem sempre falava a verdade. É evidente, que, nas poucas ocasiões em que disse a verdade, ninguém acreditou nela de jeito nenhum, pois achavam que ela estivesse mentindo. Foi uma situação estranha, e, acidentalmente, Adelina contou-me que mentia na tentativa de impulsionar sua popularidade. Logicamente o resultado foi exatamente o oposto.

Por fim, Adelina decidiu fazer algo em relação a esse problema. Seu amigo emprestou um livro sobre anjos e ela começou a pedir o auxílio de Miguel para ser verdadeira e honesta. Naturalmente, enfrentou muitos problemas enquanto mudava aos poucos. Por esperarem que mentisse, as pessoas acharam desconcertante quando começou a contar a verdade. Em muitos momentos, ela quase desistiu. Felizmente, Miguel ajudou Adelina a transformar sua vida.

— Se ele não estivesse do meu lado em todas as vezes que eu sofria a tentação de mentir, teria voltado a ter as mesmas atitudes de antes. Talvez tenha magoado muitas pessoas por tornar-me de repente tão honesta, mas, no fim, fui capaz de sentir orgulho de mim. Foi um processo difícil, porém agora sei, sem sombra de dúvida, que posso fazer qualquer coisa. Miguel está comigo quando preciso dele — disse ela.

Assim como presta assistência em obter as qualidades que faltam a você, Miguel pode ajudar a lidar com os aspectos negativos de sua personalidade. Obviamente, você tem de saber quais são, antes de pedir o auxílio do arcanjo. Saberá de alguns traços menos agradáveis, mas pode não saber de outros. Se necessário, peça a alguém de sua confiança que diga quais são seus pontos negativos. É importante não reagir de forma agressiva e nem zangar-se ao ouvir. A pessoa está fazendo um favor e, concorde ou não com ela, é informação a respeito da qual você deveria pensar depois. Se, por exemplo, escutar que é orgulhoso, egoísta e egocêntrico, aproveite o tempo para pensar por que a pessoa em quem você confia diria essas coisas, se não fossem verdade. Refletindo, você pode achar que apresenta pelo menos alguns desses comportamentos. Ao perceber isso, pode fazer algo em relação a tais aspectos negativos. Peça para Miguel auxiliar a superá-los e seja paciente enquanto Miguel ajuda a melhorá-los gradualmente.

Conheço Nathaniel há muito tempo. Nunca fomos amigos íntimos, mas nos cruzamos de vez em quando. É gregário e extrovertido e posso passar uma vez ou outra o tempo com ele. No entanto, prefiro encontrá-lo na sua ou na minha casa por ser bem rude e insolente em esperar as pessoas. Sua maneira arrogante é desagradável e desnecessária, embora ele pareça não estar totalmente ciente disso. Por isso, fiquei um pouco nervoso quando o encontrei há alguns meses em um grande restaurante. Eu não precisava ter ficado daquela forma, já que ele foi agradável e encantador com os empregados. A mudança foi tão marcante que lhe perguntei o que havia acontecido.

Ele explicou-me que, certa noite, sua esposa recusara-se a ir jantar fora com ele, pois sempre se sentia envergonhada com seu comportamento. Nathaniel sempre negou causar problemas e, depois de uma briga com ela, saiu para jantar com os amigos, deixando-a em casa. Pela primeira vez em sua vida, notou como se comportou durante a noite e ficou chocado com o que viu. Voltou para casa e desculpou-se com a esposa.

— E isso foi o que causou essa mudança em você? — perguntei.

Nathaniel parecia constrangido, mas depois sorriu.

— Posso conversar a esse respeito com você, e não com outras pessoas. — disse ele — Contatei um anjo por meio de Margot. Era Miguel. Tive de sentar e vê-la acendendo velas e fazendo algumas orações. Eu só estava levando aquilo adiante para agradá-la, porém soube de repente que Miguel estava ali. Não pude vê-lo, mas havia uma sensação repentina de saber que o arcanjo estava conosco no quarto. Ele mandou um tinido para minha espinha. Não me importo em dizer que chorei. Foi uma experiência muitíssimo emocionante. Depois da primeira vez, pedi a Margot para fazemos de novo e depois começamos a lidar com meus problemas. Ainda continuamos a lidar para dizer a verdade.

Nathaniel encolheu os ombros.

— Suponho que tenho muito mais obstáculos— disse ele.

Nathaniel ainda tem uma longa estrada a percorrer, mas, graças a Miguel, está agora no caminho certo. Ao invés de ficar preocupado em encontrá-lo em público, agora não vejo a hora de passar o tempo com ele e ouvir como anda.

Uma abordagem para as dificuldades que considerei útil é pedir para Miguel caminhar ao meu lado por apenas um dia, enquanto enfoco em fazer leve melhora em uma área que vem me criando problemas. No fim do dia, avalio meu progresso. De modo invariável, serei mais privilegiado do que teria sido sem a ajuda de Miguel. Naturalmente, uma vez que veja o resultado alcançado em apenas um dia, posso então evoluir mais rapidamente e seguir mais adiante nos dias posteriores.

Outro método é relaxar e pensar nos seus problemas. Quando estiver pronto, convide Miguel para ficar junto a você e discutir como resolvê-los. Essa conversa deve ser uma discussão agradável entre dois amigos íntimos. Não há necessidade de lamentar seu destino ou desculpar-se. Miguel está ali para ajudá-lo a encontrar uma maneira de obter as qualidades que lhe faltam e você deve sentir-se otimista, ao invés de pessimista, com relação ao resultado.

Encontrei pessoas sentindo que eram tão más que estavam perdidas. Temos boas e más qualidades, e ainda tenho de encontrar alguém irrecuperável. Não importa o que seu passado tenha sido, você pode mudar sua vida e tornar-se a pessoa que almeja ser, encontrando Miguel dentro de si.

Um terceiro método é seguir um dos rituais que já abrangemos e usá-lo para ajudar a achar Miguel dentro de si ou então utilizar esse método ao relaxar e meditar. A partir do momento em que estiver relaxado de modo suficiente, peça apenas para

Miguel ajudar a desenvolver as qualidades das quais sente falta em seu ser. Com frequência, vivenciará as mudanças que acontecem dentro de você, enquanto você ainda estiver conversando com Miguel.

Independentemente do método usado para encontrar Miguel dentro de você, notará melhoras quase de imediato. Quando se encontrar em uma situação envolvendo as qualidades que Miguel provê, lembre-se de que o arcanjo está com você e na hora surgirá uma sensação suave de confiança e força.

Com a ajuda de Miguel, não há limite até onde se possa ir.

# Capítulo 12

# Conclusão

***Espero que este*** livro tenha lhe ajudado a contatar Miguel para que você possa vivenciar os benefícios do amor, do conforto e do amparo do arcanjo em sua vida. Também espero que Miguel lhe dê estímulo para aprender mais a respeito dos outros arcanjos e de todo o reino angelical.

Com o auxílio de Miguel e dos outros anjos, você será capaz de crescer e desenvolver seu pleno potencial. Descobrirá a finalidade de viver. Terá mais contato com a natureza divina. Todo aspecto de sua vida evoluirá quando abrir a mente e o coração para os reinos angelicais.

Desejo a você uma enorme alegria e felicidade em sua busca.

# Bibliografia

APOCRYPHA: Os livros chamados *Apocrypha*, de acordo com a Versão Autorizada. Londres, UK: Oxford University Press, n. d.

AUERBACH, Loyd. *Psychic Dreaming: A Parapsychologist's Handbook*. New York, NY: Warner Books, Inc., 1991.

BLACK Matthew (comentarista e editor). *The Book of Enoch or 1 Enoch: A New English Edition*. Leiden, Netherland, 1985.

BRANDON, S. G. F. *Religion in Ancient History*. London, UK: George Allen and Unwin Limited, 1973.

BROCKINGTON, L. H. *A Critical Introduction to the Apocrypha*. London, UK: Gerald Duckworth and Company Limited, 1961.

BUNSON, Matthew. *Angels A to Z*. New York, NY: Crown Trade Paperbacks, 1996.

BURNHAM, Sophy. *A Book of Angels: Reflections on Angels Past and Present and True Stories of How They Touch Our Lives*. New York, NY: Ballantine Books, 1990.

CAHILL, Thomas. *Desire of the Everlasting Hills*. New York, NY: Nan A. Talese, divisão de Doubleday Dell Publishing Group, Inc., 1999.

CONNELL, Jahice T. *Angel Power*. New York, NY: Ballantine Books, 1995.

DALEY, Brian E. *The Hope of the Early Church: A Handbook of Patristic Eschatology*. Cambridge, UK: Cambridge University Press, 1991.

DAVIDSON, Gustav. *A Dictionary of Angels*. New York, NY: The Free Press, 1967.

FOX, Matthew and Sheldrake, Rupert. *The Physics of Angels: Exploring the Realm Where Science and Spirit Meet*. San Francisco, CA: Harper San Francisco, 1996.

GACKENBACK, Jayne and Bosveld, Jane. *Control Your Dreams*. New York, NY: Harper and Row, Publishers, Inc., 1989.

GINZBERG, Louis (traduzido por Henrietta Szold). *The Legends of the Jews* (7 volumes). Philadelphia, PA: The Jewish Publication Society of America, 1909-1937.

GIOVETTI, Paola (traduzido por Toby McCormick). *Angels: The Role of Celestial Guardians and Beings of Light*. York Beach, ME: Samuel Weiser, Inc., 1993.

HODSON, Geoffrey. *The Angelic Hosts*. London, UK: The Theosophical Publishing House Limited, 1928.

JONES, Timothy. *Celebration of Angels*. Nashville, TN: Thomas Nelson Publishers, 1994.

KABBANI, Shaykh Muhammad Hisham. *Angels Unveiled: A Sufi Perspective*, Chicago, IL: Kazi Publications, inc., 1995.

MILIK, J. T. (editor). *The Books of Enoch: Aramaic Fragments of Qumrân Cave 4*. Oxford, UK: Oxford University Press, 1976.

MOOLENBURGH, H. C. (traduzido por Amina Marix-Evans) *A Handbook of Angels*. Saffron Walden, UK: The C. W. Daniel Company Limited, 1984. (Publicado originalmente como *Engelen by Uitgeverij Ankh-Hermes*, Netherlands, 1984.)

MYER, Isaac. *Qabbalah, the Philosophical Writings of Solomon Ben Yehudah Ibn Gebirol or Avicebron*. London, UK:

Robinson and Watkins, 1972. (Publicado primeiro em Filadélfia, 1888.)

PARRINDER, Geoffrey. *Worship in the World's Religions*. Londres, UK: Faber and Faber Limited, 1961.

PSEUDO-Dionysius (traduzido por Colm Luibheid). *Pseudo-Dionysius: The Complete Works*. Mahwah, N. J.: Paulist Press, 1987.

RAVENWOLF, Silver. *Angels: Companions in Magic*. St. Paul, MN: Llewellyn Publications, 1996.

RINGGREN, Helmer (traduzido por David Green). *Israelite Religion*. London, UK: S. P. C. K., 1966.

SHINERS, John (editor). *Medieval Popular Religion 1000-1500: A Reader*. Peterborough, Canada: Broadview Press, 1997.

SWEDENBORG, Emmanuel. (traduzido por George F. Dole). *Heaven and Hell*. West Chester, PA: Swedenborg Foundation, 1976.

SWEETMAN, J. Windrow. *Islam and Christian Theology* (4 volumes). London, UK: Lutterworth Press, 1947.

TYSON, Donald. *Enochian Magic for Beginners*. St. Paul, MN: Llewellyn Publications, 1997.

WEBSTER, Richard. *Spirit Guides and Angel Guardians*. St. Paul, MN: Llewellyn Publications, 1998.

WELBURN, Andrew. *Mani, the Angel and the Column of Glory: An Anthology of Manichaean Texts*. Edinburgh, Scotland, 1998.

# MADRAS® Editora

Para mais informações sobre a Madras Editora, sua história no mercado editorial e seu catálogo de títulos publicados:

Entre e cadastre-se no site:

**www.madras.com.br**

Para mensagens, parcerias, sugestões e dúvidas, mande-nos um e-mail:

**marketing@madras.com.br**

### SAIBA MAIS

Saiba mais sobre nossos lançamentos, autores e eventos seguindo-nos no facebook e twitter

*@madrased*

*/madraseditora*